Eine romantische Reise durch Amerika

Gerda Rob

Eine romantische Reise durch Amerika

Im Wunderland der Kontraste

Klippenküsten enden in Gischtfontänen. Aus roten Wüsten ragen zerklüftete Zeugenberge in den blauen Himmel. Ströme von Eis fließen über steile Felswände ins Meer. Feurige Lava sprudelt aus dem Bauch der Erde. In einem Fluß aus Gras schwimmen schläfrige Alligatoren. Durch die Redwood-Wälder ziehen gespenstisch die Morgennebel, und die eisigen Grate der Rocky Mountains stechen mitten hinein in ein Geflecht aus schimmernden Sternen. Feuer, Wasser, Wind, Hitze, Kälte: Naturgewalten haben die Vereinigten Staaten von Amerika, das viertgrößte Land der Welt, geformt und gefurcht, in die Höhe getürmt und in seinen Tiefen geschürft. Sie lassen es schwinden und wachsen, noch ist die Schöpfung im Gange, und wie in einem Bilderbuch der Erde sind alle nur erdenklichen Landschaften vertreten.

Das endlos weite Land erfüllt tropische und arktische Träume, es gewährt die bedrohliche Überfülle der Städte und die unendliche Leere der Prärie, die Bleiche der Salzwüsten und die sinnverwirrenden Farben des wechselnden Lichts, das Bizarre ausgeglühter Badlands und das Schlichte freundlicher Dörfer, das Geheimnisvolle einzigartiger Zypressensümpfe und das Vordergründige einer stürmischen Geschichte.

Die USA sind kein geschichtsloses Land. Doch ihre Geschichte begann nicht erst vor zweihundert Jahren, sie begann vor Jahrtausenden, als die ersten Indianer die Küsten und die Berge, die Wälder und die Prärien des nordamerikanischen Kontinents besiedelten, durchzogen und mit ihren Mythen und Geistern erfüllten.

Das Drama der Ureinwohner wurde vom weißen Mann aus Europa, von ungeduldig drängenden, landhungrigen, gierigen, auch gewalttätigen Siedlern geschrieben. Für die rabiaten Eindringlinge wurde es zum Erfolgsstück: Sie schufen das Kolonialreich der Neuen Welt, aus dem die amerikanische Nation durch die Unabhängigkeitserklärung von 1776 geboren wurde. Eine Nation, die Kriege führte, das französische Territorium Louisiane erwarb, eine streitbare Nation, die sich im Sezessionskrieg des Nordens gegen den sklavenhaltenden Süden selbst zerfleischte.

Die Wurzeln amerikanischer Geschichte und Kultur liegen über Kontinente verstreut. Den Amerikanern ist nun die Geschichte der Indianer zu eigen, die sie an sich rissen und vergaßen, die Geschichte Europas, aus der sie hervorgingen, die Geschichte Afrikas, an der sie durch ihre schwarzen Mitbürger teilhaben, und die Geschichte asiatischer Volksgruppen, die in der Fremde heimisch wurden. Im Guten oder Bitterbösen: Es ist eine umfassende Weltgeschichte, in der die Staaten zueinanderfanden.

Im Nordosten der USA liegen sechs Staaten: Maine, New Hampshire, Vermont, Massachusetts, Rhode Island und Connecticut. Es ist der Boden der puritanischen Pilgerväter, Amerikas Wiege der Freiheit stand im nordisch kühlen Boston. In den Neuenglandstaaten, im Hinterland der unendlich zerrissenen Küste, in den Highlands, in den Green und White Mountains leben über zwölf Millionen Menschen.

Sie leben in Industriestädten, in winzigen Fischernestern, in anmutigen kleinen Dörfern, die sich gegen Kanada hin in einem der letzten großen Wildnisgebiete verlieren. In die ruhige, grüne Welt abseits der Metropolen bringt der *Indian Summer* seine unendliche Farbenpracht ein. Für kurze Zeit ist das Aufflammen der Blätter das wichtigste Ereignis in Neuengland.

Entlang der Atlantischen Küste, zwischen *New England* und dem Süden, liegen die mittelatlantischen Staaten: New York, New Jersey, Pennsylvania, Maryland, Delaware und der District of Columbia.

Die östliche Küstenebene ist die Heimat der großen Städte und indu-

▷ **Oakland**
Glasfronten in Turmhöhe, Rahmen aus Stahl: zeitgenössische Architektur, verliebt in die große Vertikale.

striellen Zentren. New York liegt hier, der Schmelztiegel, der nichts wirklich verschmilzt, sondern nur aneinanderreiht und zusammenfügt. Nirgendwo sonst sind die Hoffnungen so himmelstürmend und die Verzweiflungen so abgrundtief, sind die Freiheiten so grenzenlos und die Sicherheiten so eingeschränkt, versteckt sich Optimismus hinter mehr Temperament und Pessimismus hinter mehr Ironie.

Es ist die Melodie der turbulenten Ballungszentren New York, Philadelphia, Washington, Pittsburgh, Baltimore, Newark und Buffalo, die das Land prägen. Doch hinter den Städten schwingt das rustikale Land aus und verströmt sich in Wäldern, Seen und Tälern. Die Catskills, Adirondacks und andere Ketten der Appalachen locken weit in das tiefe, einsame Land. Sie locken in die Stille des Hudson-Tales, zu den malerischen Finger Lakes bis hin zu den dröhnenden Niagarafällen. Sie locken in das Land der *Amish People*, die, an ihrem mennonitischen Glauben festhaltend, ein Leben in der Vergangenheit führen, und in die Blue Ridge Mountains, in die nun der Wald zurückkehrt.

Den Süden bilden zwölf Staaten: Georgia, North Carolina, South Carolina, Kentucky, Virginia, West Virginia, Florida, Alabama, Mississippi, Louisiana, Arkansas und Tennessee. Sie sind meerwärts ausgerichtet, reich an Tradition, an Geschichte, an stehengebliebener Zeit, reich an Schönheit. Unvergeßlich bleibt, wenn die Dogwood-Bäume blühen, wenn Rhododendren und Azaleen im Farbenrausch entflammen und die noblen Villen rahmen.

Der alte Süden ist voll von Herrenhäusern, von alten Parks, von Baumwollfeldern, voll von Erinnerungen an den unseligen Krieg, der das Land entzweite. Voll von Sklavenenkeln, deren Passion noch immer nicht zu Ende ist.

Der Süden, das ist auch das Sonnenland Florida mit den geheimnisvollen Everglades, dem Reich der Alligatoren und Flamingos, und der stillen Inselwelt von Key West. Das ist der grandiose Mississippi und das unverwechselbare New Orleans, das ist die Atchafalaya Bay mit der flachen, nassen Bayou-Landschaft und den stillen, geschützten Wassern der Küstenmarsch, die im Golf von Mexiko ertrinkt.

Ganz anders, sehr breit und sehr flach, im Norden von Seen eingefaßt, präsentiert sich der Mittelwesten. In Ohio, Indiana, Illinois, Michigan, Wisconsin, Minnesota, Iowa, Missouri und den Ebenestaaten von Nebraska, North Dakota, South Dakota und Kansas leben zusammen 62 Millionen Menschen. Im Einzugsgebiet des Mississippi und des Missouri reichen die Weizenfelder bis zum Horizont, schier unendlich wie die blau gewellten Flächen der *Great Lakes*, der Großen Seen.

Der Smog von Industriestädten im Umland von Chicago bleibt am Rande zurück, verliert sich in der Weite. Die Landschaften, im Sommer unter dem Regenbogen, im Winter unter der Schneelast, bedürfen des Lichts und der Gedanken, um sie zu füllen: Land der Prärieindianer, Land der Büffelherden, Land als Eigentum der Natur, respektiert von Menschen, bis der weiße Mann kam, um es als »von der Vorsehung geschenkt« in Besitz zu nehmen. Bis er es von Mensch und Tier »befreite«, verwandelte, dienstbar und nutzbar machte.

Den Südwesten repräsentieren siebeneinhalb Staaten: Oklahoma, New Mexico, Texas, Arizona, Nevada, Utah, Colorado und Südkalifornien. Dies ist Amerikas Wunderland. Im Grand Canyon liegt die Erdgeschichte von zwei Milliarden Jahren nackt und bloß. Auf der Mesa Verde standen die Pueblos der Anasazi. Erosion und Verwitterung haben die grandiosen Zeugenberge im heiligen

▷ **Abendstimmung im Monument Valley**

Land der Navajos, im Monument Valley, und die mehr als 200 steinernen Bögen im Arches National Park geschaffen. Aus dem harten roten Schiefer und dem weichen Sandstein entstanden phantastische Skulpturen. Flüsse wie der Colorado River und der Rio Grande gestalteten die Landschaft nach ihrem Maß.

In Texas rankt sich Wildwestromantik um *Ranches* und *Cowboys*. In New Mexico und Arizona stehen die stacheligen Giganten der Saguaro-Kakteen in Wäldern. Da gibt es Wüsten, heiß und trocken, die aus Südkalifornien herüberziehen und sich, bewässert, in einen Riesengarten – wie im Santa Clara Valley – verwandeln. Der Südwesten geht in der Region von Los Angeles, im Surfparadies der kalifornischen Küste, in einer Welt aus Himmel und Meer zu Ende.

Der Nordwesten, Oregon, Washington, Idaho, Montana, Wyoming und Nordkalifornien, ist dagegen ein kühles, herbes Land. Teilweise voll von Gletschern, von übriggebliebenen Altwäldern, von Riesenbäumen, von Vulkanen, die heute noch wüten, wie der Mount St. Helens, oder einst gewütet haben, wie der Mount Mazama, der als Erinnerung an seine rohe Gewalt den Crater Lake, den tiefsten See der USA, zurückließ.

Die Rocky Mountains, schroffe Grate mit gleißenden Gletschern, mit bilderbuchblauen Seen, laden ein in den Yellowstone Park mit seinen Naturwundern, die sich vom großen Feuer längst erholt haben, in den Grand Teton, den Glacier National Park. Westwärts gehen die Felsenberge in hochgelegene Plateaulandschaften über und verströmen sich nach Süden an das wüstenhafte Great Basin von Nevada und weiter südlich in das Colorado-Plateau mit seinen grandiosen Canyons. Eine zweite Kette, das Pacific Mountain System, formte in der Cascade Range vergletscherte Vulkane, die dem Pazifischen Feuerring angehören. Küstenwärts fällt das Land in riesigen Wäldern ab, rückt an das vielgeliebte San Francisco heran und formt nordwärts eine schöne, stille Küste zum Pazifik, ehe es über eine zerrissene Inselkette nach Alaska ausschwingt. Das gekaufte Land der Eskimos ist eine wundersame Welt aus Bergen und Eis, aus Vulkanen und Tundra mit wandernden Karibuherden.

Doch die USA enden nicht im Eismeer. Das weite Land hüpfte über den Pazifik, fast 4000 Kilometer weit, und setzte sich mit den Hawaii-Inseln, ihren tätigen Vulkanen, ihrer Schönheit, ihren Orchideen und ihrem pazifischen Flair einen grandiosen Schlußpunkt.

▷ **Yellowstone National Park/Midway Geyser Basin**
Im Becken der Geysire wehen Nebelschwaden über den kochenden Wassertümpeln. An allen Ecken dampft und zischt und blubbert es.

◁ **New Orleans/Jazzclub in der Bourbon Street**
Satchmos Stadt. Die Geburtsstätte des Jazz ist leiser geworden. Bourbon Street hat den Charme der alten Zeit kommerzialisiert.

▽ **Football-Spiel Princeton gegen Harvard**
Jeden Herbst tragen die Hochschulmannschaften ihre Schlachten um den eiförmigen Ball aus. Ein Sieg in der »Ivy League« ist Millionen wert.

▽ **Yosemite National Park**
Naturwunder finden sich neben Wanderwegen. Eis und Wasser schufen im Laufe der Zeit Granitblöcke in bizarren Formen.

▷ **Olympic National Forest**
Feuchte Luft vom Pazifik und reichlich Niederschläge ließen diesen »Regenwald« auf der Olympic Peninsula entstehen.

Tochter der Welt: New York

Der Himmel wie beschlagenes Glas, ein gereiztes Meer wellt sich in endlosen Schaumkämmen, Möwen fliegen niedrig im Wind, die Masse des Kontinents zerbricht an ihren Rändern. Gierig greift der Atlantik nach dem großen, eisfreien, günstigen Hafen, greift nach den mündenden Flüssen und schickt seine Gezeiten stromaufwärts wie ein stürmendes Pferd.

New York ist eine Inselstadt, eine Flußinselstadt, eine Meerinselstadt, eine Stadt auf Inseln wie Venedig, doch ihr felsiges Muttergestein, in erdgeschichtlichen Revolutionen, in Feuer und Eis gestählt und gebakken, trägt die himmelhohen Wolkenkratzer wie eine leichte Last.

Die vibrierende, vitale Weltstadt ist eine Komposition aus starren und fließenden Bildern, »ein schönes Desaster in einem Saum von blauer Seide«, wie O. Henry, ein Meister der Kurzgeschichte, schrieb. Dieser Saum ist fast vierhundert Kilometer lang. Er rahmt die Inseln Manhattan, Staten Island und Ellis Island, die Westspitze von Long Island mit Brooklyn und Queens, er läuft die unruhigen Küsten der Bronx entlang, des einzigen großen Stadtteils auf dem Festland.

Doch er trennt, er verbindet nicht. Die Stadtteile schwimmen im Fahrwasser der Gleichgültigkeit durch grandiose Brücken, Brücken wie Kunstwerke aneinandergereiht, dennoch Welten voneinander entfernt. Wie schöne Masken trägt die Stadt stolz ihr Wolkenkratzergesicht und ihr Kunstgesicht, ihr Museumsgesicht und ihr Luxusgesicht, ihr vitales und ihr frivoles Gesicht, ihr kreatives und ihr theatralisches Gesicht, ihr liebenswertes und ihr geschäftiges Gesicht.

Wie häßliche Fratzen trägt sie ihr Slumgesicht und ihr Elendsgesicht, ihr Lastergesicht und ihr Schattengesicht, ihr hoffnungsloses und ihr verkommenes Gesicht, ihr ängstliches und ihr kriminelles Gesicht. These und Antithese: Die Stadt ist alles, an ihren Ecken und Enden immer ihr eigener Widerspruch.

New-York-Porträts zeigen fast ausschließlich Manhattan. Die lange schmale Insel zwischen Hudson und East River, zwischen Harlem River und Upper New York Bay, ist das vorrangig besuchte Ziel. Sie zerfällt in 29 *Neighbourhoods*, doch das sind Nachbarschaften nur im räumlichen Sinn. Stadtviertel voll Glanz und Glamour, voll Slums und Ghettos, die sich berühren, sich aneinander reiben, sich zuweilen voreinander fürchten. Sie existieren ihrer Seele nach wie Dörfer in einer total urbanisierten Metropole.

New York wuchs nicht in konzentrischen Kreisen um eine Keimzelle wie die Großstädte der Alten Welt. Es klammerte sich zuerst an die schmale, wasserumgebene, trinkwasserlose Inselspitze von *Manna-hatin*. Zaghaft, als fürchte es die Strafe für den schändlichen Inselerwerb des Peter Minnewit aus Wesel am Rhein, der von der Geschichte als verwerflich und bar jeder Moral, dennoch als Faktum registriert wurde.

An der Inselspitze begann alles. Das winzige Dorf *Nieuw Amsterdam* im Bereich des heutigen Battery Bay Park, in dem sechs holländische Familien in spitzgiebeligen Spielzeughäusern von einer schönen Zukunft träumten. Das britische New York. Das amerikanische New York. Die Triumphe und Katastrophen der Börse, die 1792 unter freiem Himmel, im Schatten eines Ahornbaumes, gegründet wurde.

Aus den kleinen holländischen Häusern, aus den roten, von Sklaven errichteten Backsteinbauten wurden Türme aus Beton und Glas. Aus den Türmen wurden Bankengebirge, die jeden Sonnenstrahl von den engen Straßenschluchten abhalten, als genüge allein der Glanz des Goldes in den Kellern der Federal Reserve Bank of New York, um das Leben der

▷ **New York/Blick vom Empire State Building**

Menschen weit über die Wall Street hinaus zu erhellen und merkantile Zusammenhänge zu schaffen. Hinüber zu den gigantischen Türmen des World Trade Center, die Minoru Yamasaki, ein amerikanischer Architekt japanischer Abstammung, als gigantische, aluminiumverkleidete Monster erdachte und höher, als ein Mensch je gebaut hatte, entstehen ließ. Zu den großen Vertikalen des World Financial Center bis hin zu den massiven Bastionen, errichtet aus Stolz, Trotz und Raumnot, deren Bauland man dem Hudson River durch Aufschüttung abrang.

Schon an der Inselspitze beginnt der Broadway, eine sich schlängelnde Diagonale auf der Insel der Hügel. Er wurde als Waldpfad von Indianerfüßen ausgetreten und von den Holländern zum *Breetweg* erweitert. Nun durchläuft er ganz Manhattan und setzt sich als Überlandstraße bis Albany fort.

Die längste Straße der Welt beginnt jedoch im Hochgebirge des Geldes. Man sollte glauben, daß sie sich nun in immer glanzvolleren Vierteln bis Midtown Manhattan fortsetzen würde. Doch das ist ein Irrtum. Hinter Downtown Manhattan wird New York dörflich. Hier haben die Volksgruppen ihre Quartiere, hier leben die geschundenen, aus der ganzen Welt eingewanderten Minderheiten, die an das Fackellicht der Freiheitsstatue und die berühmten Zeilen aus Emma Lazarus' gedichteter Inschrift glaubten: »*Give me your tired, your poor, your huddled masses yearning to breathe free...*« (Gebt mir eure müden, eure armen, eure zusammengepferchten Massen, die sich danach sehnen, frei zu atmen...)

Der Broadway zieht kühl und unbeeindruckt vorüber. Rechts liegt die Lower East Side mit dem ehemaligen Klein-Deutschland an der Bowery, liegen Little Italy, das Revier der Paten, und die Welt des Drachens in China Town, deren Bewohner ihre Muttersprache beibehielten. Hier ist Ukraine und Polen, Galizien, Rumänien und Litauen. Neue Heimat für durch Krieg und Elend Vertriebene, für Glaubenstreue und Rebellen, für Abenteurer und Anarchisten. Um die Jahrhundertwende war die Lower East Side die größte jüdische Siedlung der Welt mit 500 Synagogen. Sie war überfüllt, schmutzig, ärmlich, erbärmlich. Wer konnte, wer irgendwie konnte, zog weiter nach Norden. Wer blieb, war an seinen Hoffnungen und seiner Hoffnungslosigkeit zerbrochen und endgültig gestrandet. In die verkommenen Straßen, in die ausgeschwärzten Häuser, in die roten, scheußlichen Wohnungeheuer zogen neue Immigranten ein.

Doch weil diese Stadt nie hält, was sie verspricht, und nie ausführt, was sie androht, nie starr ist, sondern aufs äußerste mobil, bahnt sich auch hier ein Wandel an. Galerien wie verrückte Farbtupfer etablierten sich in einer kranken, desolaten Welt.

Die Künstler zogen aus Tribeca, Soho und Greenwich Village hierher. Sie kamen aus den Bohemevierteln, die sich längst nur mehr die Arrivierten leisten können, weil New Yorker das Familienhaus aus dem 19. Jahrhundert und die Bäume vor den Häusern urplötzlich liebten.

Das West Village, wie es im Grunde heißt und bei Ausländern doch nie heißen wird, weil sich hinter der Bezeichnung Greenwich Village nicht nur ein geographischer Begriff, sondern eine Lebensart verbirgt, erfuhr Auf- und Niedergang wie Ebbe und Flut. Ein Indianerdorf lag hier, mitten im Wald. Man fischte, jagte, briet feiertags Biberschwänze und schmückte sich mit bunten Vogelfedern. Doch *Sapohanikan* wurde holländisch, britisch, die *Estates* (Grundstücke) wurden mit abnehmendem Wald immer größer und, als die vorletzten Bäume entwurzelt waren, auch wieder klein. Nur der dörfliche Charakter des Orts blieb erhalten.

▷ **New York/Fassade des Trump Tower**

Die Poeten kamen nach Greenwich Village: Mark Twain lebte hier und Edgar Allan Poe, Upton Sinclair und Eugene O'Neill. Die Maler folgten ihnen. Die Boheme zog die Schaulustigen und die Möchtegerne an, Beatniks und Hippies steckten sich wieder bunte Vogelfedern ins Haar, die Atmosphäre lockte Touristen und Kommerz hierher, die Voyeure, die Ausgeflippten, die Dealer.

Doch viele Künstler zogen wieder aus. Die Backsteinhäuser im georgianischen Stil, die protzigen *Mansions*, die im *Greek-revival-style* errichteten Villen, all die schönen alten, neu renovierten Gebäude werden nun von den Maklern zu Höchstpreisen gehandelt.

Zwischen Chelsea, Gramercy Park und Murray Hill windet sich der Broadway in den Theater District hinein, der ihn durch Glanz und Glamour, Tragödien und Komödien, durch Musicals und Shows weltweit bekannt machte. Man nannte ihn *The Great White Way*, den »großen weißen Weg«, weil ihn die Leuchtreklamen nachts taghell erleuchteten. Hier stand die Wiege der größten Welterfolge, hier erklommen Stars die letzten Sprossen auf ihrer Karriereleiter.

Doch der Ruhm des Broadway, der hartnäckige Ruhm, ist schal und bleich geworden, die großen Impulse gehen nur mehr selten von ihm aus. Der Times Square, das alte Zentrum der Stadt, lange Zeit heruntergekommen, ein Boden für Sumpfblüten aller Art, für Lust und Laster, wird mehr und mehr zum Schauplatz mutigen und optimistischen Neubeginns.

Der Broadway läßt Midtown Manhattan rechts liegen. Doch genau hier beginnt das überdrehte, kühle, das snobistische Inselherz, das für so viele Besucher alleine New York ausmacht, zu schlagen.

Die Fifth Avenue, wo ein paar Blocks das Hauptquartier des Luxus symbolisieren, führt parkwärts in einen Konsumhimmel, der sich zu seinen Besten in einem Museumshimmel auflöst. An strategischen Punkten werden nun Luftrechte verkauft, Quadratmeter von nichts über dem eigenen Hausdach, hochgestockt zu den Wolken, weil es keinen Boden mehr zu erwerben gibt und die beste Adresse der Welt immer neue Interessenten findet.

Die Avenue of the Americas, die mit dem Rockefeller Center ihre Schauseite zeigt, ist hier nahe, Madison Avenue, wo die Werbestrategen ihre Quartiere haben, und Park Avenue, die schöne, elegante Straße.

Im Zentrum des Zentrums geht man zu Fuß. Alle Jahreszeiten werden megalomanisch durch Werbung übertrumpft. Überall sickert gediegene Animation aus dem Beton, aus rauch- und goldfarbenem Glas. Künstliche, bunte Sterne konkurrieren erfolgreich mit dem echten Nachthimmel und lassen ihn einfallslos erscheinen. Selbst die Regenbogen bekommen Leuchtfarben, um die Natur zu verbessern und zu überlisten.

Das sind Augenblicke, in denen ich mich gerne eines Blizzards entsinne, der Eisnadeln in die Wolkenkratzerschluchten trieb, Schnee über der schrundigen Straßenhaut anhäufte, allen Lärm erstickte, alle Motorik anhielt mit seinem starken Arm, bis die Stadt atemlos und in halber Agonie für eine kurze Weile wieder ihre eigenen Grenzen fand.

An der Grand Army Plaza sollte man ausruhen. Nostalgische Pferdekutschen stehen in der Nähe bereit, vom Central Park weht frische Luft herüber, die Stadt wird hier für eine Weile weit und ländlich, parkgrün, und die Ulmen der Mall blicken ernst und würdevoll auf Menschen aller Rassen, aller Religionen, aller Passionen, auf berittene Polizisten und Clowns, auf Gay-Festivals und Familienidyllen, auf Exaltierte und Transvestiten, auf lautes Jungsein und stilles Altsein, auf fröhliches Tagleben, auf

▷ **New York/Fitneßtraining auf der Brooklyn Bridge**

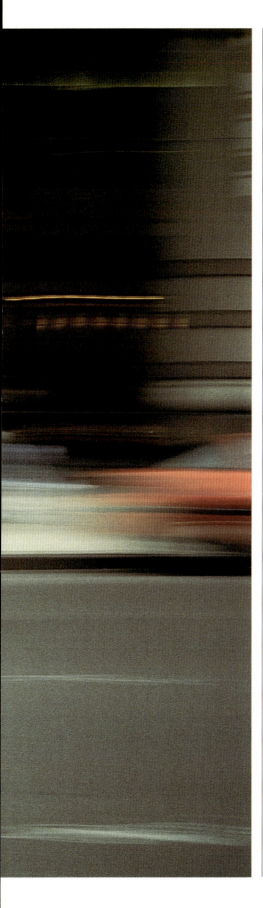

kriminelles Nachtleben, auf eine seltsame Koexistenz von allen mit allen.
Längst ist der Park umstellt. Von den Apartments der *Millionaires' Row* blickt man auf seine schattenwerfenden Baumkronen. Das Metropolitan Museum of Art, ein schöner Irrgarten der Weltkunst, steckt seine Betonfüße weit gegen den *Great Lawn* aus, viel weiter, als es die Parkplaner je gewünscht oder konzipiert hatten. An der East Side stehen Museen wie Perlen, die aus ihren Exponaten eine Show machen, die Kunst wie ein Theater inszenieren, um zu locken und zu verlocken.
An der West Side blendet das Lincoln Center mit der Metropolitan Opera. Kühn wuchs es aus einem riesigen Slum. Man baute Hallen aus Travertin über zweihundert plattgewalzten Häusern, über Bergen von Unrat, und was entstand, war aufregend und schön.
Nördlich des Central Parks beginnt Harlem. Harlem, das farbige Gesicht New Yorks, ist längst trist, der Traum von einer schwarzen Gemeinde, die zufrieden und glücklich zusammenleben kann, hat sich bisher nicht erfüllt. Hier werden die Zinsen der Sünden von Georgia, von Mississippi und Alabama fort und fort gerechnet.
Immer seltener werden Besucher, jenseits von Central Park North durchmißt auch die Fifth Avenue eine traurige Meile, ehe sie am Harlem River endet. Manhattan ist für die meisten abgehakt. New York vermeintlich gesehen.
Doch was ist mit Brooklyn, dem größten New Yorker *Borough* (Stadtbezirk), mit seinen endlosen Straßenzügen voller brauner Bungalows? Was mit der Schlafstadt Queens, mit der Bronx, mit der ländlichen Schönheit Staten Island, die in der städtischen Umarmung mehr und mehr untergeht? New York gewährt nur Augenblicke, Stimmungen, Distanziertheit, Wechselbäder, goldenes Pflaster, schwärende Wunden.
Am heftigsten liebe ich New York nachts, von der Staten-Island-Fähre aus gesehen, wenn ein Netzwerk von Millionen Lichtpunkten das menschengebaute Gebirge überzieht und einem die Stadt, einem Christbaum gleich, unwirklich und sanft entgegenschwebt. Wenn das Schiff die Upper Bay furcht, die Fackel von *Lady Liberty*, der Freiheitsstatue, grün leuchtet und Ellis Island wie ein verschwommener Schatten in der Ferne vorbeihuscht.
Über Brooklyn erreicht man die Strände von Long Island. Hier läßt New York an Sommerwochenenden genußvoll seine Seele baumeln. Die zweihundert Kilometer lange Insel, zwischen Atlantik und Long Island Sound geklemmt, ist ein Geschenk der Eiszeit. Zwar hat sich die unersättliche, landhungrige Stadt auch hier schon weit vorgeschoben, doch ostwärts ist die flache Marschlandschaft ländlich und fruchtbar. Der Boden gibt Kürbisse und Kohl, in den Entenfarmen wachsen die Tiere heran, die sich in Chinatown zur Pekingente verwandeln, in der North Fork wächst Wein, und das Meer schenkt Hummer, Muscheln, Austern und die Seligkeit blankgeputzter Ferientage.
Das rustikale Herz schlägt im weiten flachen Farmland, das luxuriöse in den Hamptons am östlichen Ende der Insel, das sich wie das Maul eines Krokodils weit zum Meer hin öffnet. Am Leuchtturm von Montauk Point geht Long Island mit herben Kliffs und sanften Dünen zu Ende.

◁ **New York/Yellow Cab in voller Fahrt**

◁ **New York/Wall Street, Börse**
George P. Post gab der Börse eine klassizistische Fassade. Hinter dem Sternenbanner am Haus des Merkurius werden Vermögen gewonnen und verloren.

▷ **New York/Chambers Street**
Feuerleitern prägen das Bild vieler Häuserfronten in Lower Manhattan. Oft verbergen sie die Lofts, *Atelierwohnungen, der späten siebziger Jahre.*

▽ **New York/Im Museum of Modern Art**
Roy Lichtensteins Bild hängt in der größten Sammlung moderner Kunst der Welt. Dabei hat alles ganz klein angefangen: Das Museum besaß ursprünglich nicht mehr als acht Drucke und eine Zeichnung.

▷ **New York/Fifth Avenue**
In einigen Häuserblocks residieren hier die teuersten Modeläden. Was sie tagsüber zeigen, verbergen sie ängstlich bei Nacht.

Schöne Tage voll fließender Bilder

Nach New Yorker Tagen voller Verwirrung und Zuneigung, voller Faszination und Entmutigung erscheint der mächtige Hudson River wie ein Fluchtpunkt. Er entsteht aus vielen kleinen Seen in den Adirondacks und durchfließt ein teils herbes, teils bukolisches Tal, ehe er Manhattan rahmt und New Yorks riesigen Hafen speist.

In ihm ist die Stimme des Atlantiks, denn seine Gezeiten, seine Hebungen und Senkungen, reichen 200 Meilen flußaufwärts. In ihm ist die Sprache der felsigen Appalachen und der großen Wälder, die im Herbst, vom »Blut der großen Bären getränkt«, pupurn flammen.

Mit ihm ist der Wind von den Weizenfeldern des Nordens, den der Erie Canal ihm bis Albany entgegenträgt. Die chaotische Stadt gegen eine stille Flußreise einzutauschen, das ist ein Abschied von der angenehmen, der freundlichen Sorte.

Man kann den Hudson River mit Ausflugsschiffen befahren oder auf Straßen entlanggleiten. Die Washington Heights, die Hügel, die Platanen, die Akazien verleihen dem Fluß Landschaft und Profil, sie geben ihm die von der großen Stadt gestohlenen Jahreszeiten, ihre Farben, ihre Üppigkeit und ihre Leere zurück. Im Nordwesten der George Washington Bridge begleiten die steilen Basaltfelsen der Palisades den Fluß. Im Nordosten geht New York in kleinen Städten, in der Westchester County zu Ende.

Freundliche Orte liegen am Fluß, das Tal wird still, zwischen New York und Albany gleiten wellige grüne Hügel Schwung um Schwung ineinander über. Einst lebte das Volk der Weckquaesek hier in nicht enden wollenden Eichen-, Walnuß- und Kastanienwäldern und paddelte mit seinen Einbäumen sorglos auf dem Fluß. 1609 segelte Henry Hudson mit seiner HALVE MAEN den so vergnüglich einladenden und dann immer enger und seichter werdenden Fluß aufwärts, bis das Schiff steckenblieb. Man ging an Land, handelte den Eingeborenen Biberfelle gegen ein bißchen Tand ab, machte sie betrunken, amüsierte sich, erschoß ein paar. Eine britisch-holländische Crew hatte im schönen friedlichen Flußtal ihre erste Visitenkarte abgegeben.

Niederländer teilten anschließend das Indianerland beutegierig in große *Estates* (Grundstücke) auf. Sie waren die ersten Kolonialisten, sie haben das Tal geprägt, mit Biedersinn und Gleichgültigkeit, mit Habgier und Besitzstreben.

Briten und Franzosen folgten. Die Uferlandschaft mit ihren grünen, grottenhaften Zufallswegen wurde in eine Nutzlandschaft verwandelt. Auf langen Segelschiffen transportierte man die landwirtschaftlichen Erzeugnisse in das wachsende New York, die Sklaven trugen die Brandzeichen der Gesellschaft auf der Brust.

Im kurzen *Indian Summer* entflammt auch hier der Wald zu kaum vorstellbarer Farbenpracht, und die sterbenden purpurnen Blätter bekommen einen Trauerrand aus Gold. Es ist ein Landstrich zum Atmen, zum Schauen, zum Malen. Hier fanden die amerikanischen Landschaftsmaler des frühen 19. Jahrhunderts ihre Zauberwelt. Die *Hudson River School of Painting* bezog hier ihre Inspirationen. Heimat, Landschaft, Beschaulichkeit und Idylle waren die Motive der Künstler, die an der Schwelle vom Rokoko zur Romantik ihre Werke schufen. Namen wie Thomas Cole, Asher Brown Durand, Thomas Doughty: Sie stehen für Amerikas mit dem Pinsel geschriebene Sehnsucht nach dem Pastorale.

Für Amerikaner schleicht sich auch Geschichte in die Landschaft. Im Livingstone Manor House, unweit von Dobbs Ferry, wurden 1783 jene Bedingungen formuliert, die Amerikas Unabhängigkeit ermöglichten.

▷ **Schleppzüge auf dem Hudson River**

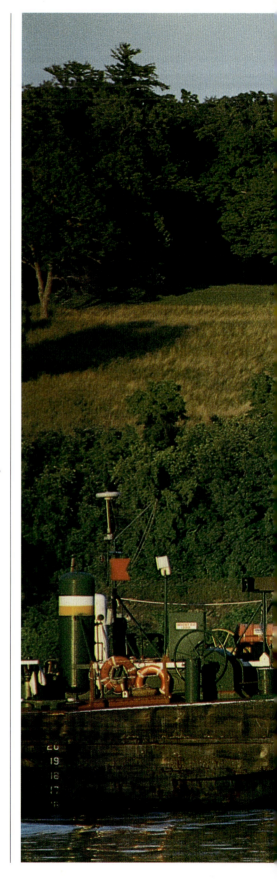

Blicke auf ein zauberhaftes Land. Auch Washington Irving, der »Vater der amerikanischen Literatur«, war an den Fluß gezogen. Sein Haus Sunnyside, ein Domizil wie aus dem Märchen, kann man vom Fluß aus nur ahnen. Doch hier ist die Landschaft, am Fluß liegen jene Dörfer, die er auf der Suche nach der Sagenwelt der Holländer durchstreifte. *Die Sage von der schläfrigen Schlucht* geht um und um.

Auch Jay Gould, der skrupellose Spekulant, teilte die Malerliebe. Hoch über dem Fluß, im Süden von Tarrytown, liegt sein Ansitz Lyndhurst, halb Festung, Burg und Kirche, in nachgeahmter Gotik, ein Besichtigungshaus, mit Silber und Gemälden und Brokaten gefüllt, reich und prall und doch kalt und nüchtern. Beim Städtchen Tarrytown wird der Fluß breit, träge, schläfrig fast, wie ein sattes Tier. Die schönen Bilder von Wald und Fluß geben Raum, sich behaglich darin zurechtzufinden. Besucher werden in eine holländische Oase gebeten. Van Cortlandt Mansion bei Croton-on-Hudson blieb dem Windmühlenland treu, seit Stephanus van Cortlandt sich am Ostufer des Hudson 86 000 Acres Indianerland zuteilen ließ. Es ist eine sonderbare Schau von Überkommenem, Ergänztem, Zuerworbenem, alles lieblich eingefärbt, damit Amerikaner behaglich in vergangene Jahrhunderte zurückschlüpfen können. Romantik verbirgt Machtmißbrauch und Machtverhältnisse, Kolonialismus und Sklaverei, hüllt rühmliche und unrühmliche Vergangenheiten zärtlich ein.

Nördlich von Peekhill ändert sich die Szene. Im schmalen, schluchtenartig engen Tal, wo sich der Hudson durch die Appalachen zwängt, werfen die Felsen lange Schatten. Das Land bekommt einen grimmigen, wehrhaften Zuschnitt. Die Hudson Highlands sind zerklüftet. Hier war der Platz, um New York und eine der bedeutendsten Wasserstraßen Amerikas zu sichern. Hier saßen nicht Ritter in ihren Burgen, sondern Revolutionäre in ihren Forts.

Lange bevor Robert Fulton 1807 die Strecke New York–Albany mit dem ersten brauchbaren Dampfschiff CLERMONT befuhr, bevor 1825 der Erie Canal Buffalo mit Albany verband und die großen Weizenfelder mit New York, war der Hudson nicht nur ein poetischer, sondern auch ein strategischer Fluß. Hier steht denn auch die Militärakademie von West Point, die Kaderschmiede von Amerikas Generälen, deren Namen jede Schülergeneration lernen muß.

Doch nahe West Point, auf Constitution Island, singen noch immer die Sumpfzaunkönige, im Juni kommen die Schildkröten, um ihre Eier zu legen. Im August blüht der Blutweiderich, und nur die Natur feiert hier ihre Siege.

Zwischen Storm King Mountain und Breakneck Ridge ist der Hudson flach und flaschengrün, tief und geheimnisvoll. Die ersten Siedler, die in Cold Spring anlegten, bauten ihre Häuser wie zufriedene Vögel in den Schatten der Bäume. Nun strahlt der malerische Ort Ruhe und Behäbigkeit aus. An den viktorianischen Häusern ging die Zeit vorüber, ohne Schrammen zu hinterlassen.

Hier sollte man ein paar Tage bleiben können. Das 19. Jahrhundert ist nicht nur Kulisse. Nachts schimmern die Lichter Cold Springs wie mild brennende Kerzen auf der fast schwarzen Oberfläche des Flusses. Doch auch an den dunklen Säumen verlieren sich die Spuren des Lebens nicht. Einsame Häuser wachsen geheimnisvoll fast in die Natur ein, ihre Lichter wie Glühwürmchen im Blättergewirr. Schiffe und Segelboote schweben vorbei, Vögel kreisen in der Sonne, steigend und fallend, der Wind furcht die Wasserfläche, die Landschaft entspricht harmonisch dem Maß der Menschen.

Man muß Nachsicht haben mit den Amerikanern, mit den Patrioten, die hier, an den Schauplätzen in den Catskills, ihre zur Unabhängigkeit führende Revolution noch einmal nacherleben wollen.

Nahe bei Poughkeepsie träumt ein weißes Schloß der Vanderbilts von alten Zeiten, in Hyde Park steht Franklin Delano Roosevelts Wohnsitz Springwood, als wollte er der überfüllten Welt von New York einen Epilog der Ruhe folgen lassen.

Albany, inmitten bewaldeter Hügel gelegen, ist die Hauptstadt des Staates New York. Auf der Empire State Plaza ragen die modernen Türme weit und kühl in den Himmel, doch der Staat wird aus dem konservativen State Capitol regiert. Ein altes Schloß mit Türmen und Türmchen, französisch inspiriert, gibt dem Gouverneur den Rahmen. New York hat den zu Ende des 18. Jahrhunderts verlorengegangenen Hauptstadtstatus schnell verschmerzt. Die Metropole wollte ihre Kräfte nie im politischen Spiel verbrauchen. Für Menschen mit Witterung für den *Place of action* blieb New York ohnedies immer die Hauptstadt.

In Albany kreuzen sich die großen Straßen. Nach Norden führt die Route in die Adirondack Mountains. Wälder, Wildnis, Wasserspiegel, zwei Farben nur, Blau und Grün, und im Verborgenen die »Berghütten« der Rockefellers und Vanderbilts, die so betulich und verzweifelt Schweizer Chalets gleichen wollen und doch in Wirklichkeit nicht mehr mit ihnen gemein haben als den Architektentraum vom gemütlichen Wohnen. Die Camps gerieten zu groß, der rustikale Stil nahm burgenhafte Dimensionen an, die offenen Kamine wurden im Dutzend gebaut, und die Architektur aus Holz und Baumrinde wirkt zu gewollt und unecht. Aber über dem Land der mehr als 2 000 Seen wölbt sich im Sommer die Lichtmütze eines glühenden Himmels, und im Winter geht ein eisiger Hauch darüber hin. Seitenstraßen führen in Skigebiete, wie nach Lake Placid, und in die North Woods, die James Fenimore Cooper aus Cooperstown in *Der letzte Mohikaner* mit seinen Indianern bevölkerte.

Sie führen nach Fort Ticonderoga am Südende des 200 Kilometer langen Lake Champlain, den sich der Staat New York mit Vermont teilt. Geschichte weht über die Landschaft. Wo sind die Ureinwohner geblieben? Im Pequot-Krieg zwischen Nieuw Nederland und Neuengland löschten britische Siedler den Stamm der Pequot aus. Im King Philip's War wurden die letzten Indianerstämme des südlichen Neuengland eliminiert. Die Klagen sind längst verstummt.

Die zweite Hauptroute führt von Albany durch das Mohawk River Valley nach Utica und weiter nach Buffalo am Eriesee. Es ist die Route des Erie Canals, der dem Tal eine rasche Industrialisierung brachte. Doch der Wasserweg verlor um die Mitte unseres Jahrhunderts an Bedeutung. Es ist eine nostalgische Reise, die zwischen der Wildnis der Adirondacks und dem reichen Farmland im Süden über Utica, Rome, Syracuse, Rochester, Buffalo dahinführt.

Von eigenem Zauber sind die Abstecher nach Süden zu den Finger Lakes. Die Eiszeit ließ sie wie ein Erbe oder ein Geschenk zurück, und die Stämme der Irokesen nannten einst das Land an den Ufern ihre Heimat. Wie die Krallen eines Bären, die vom Lake Ontario aus nach Süden greifen, gruben die langen, schmalen Seen ein Muster in die Landschaft. Wasserfälle rauschen, Quellen sprudeln, jeder Blick ist wie ein ungemaltes Bild, in dem sich die Natur selbst ihre Motive schafft. Wald, Farmland, Rebhänge, hier liegt das größte US-amerikanische Weinanbaugebiet außerhalb von Kalifornien. Sekten, auf der Suche nach unbegrenzter Spontaneität und nach einem krausen Paradies, haben sich breitgemacht, sie inszenieren die Landschaft zum Drama, hingewendet zur Illusion der Zeitlosigkeit.

Südlich von Palmyra erhielt Joseph Smith aus der unsichtbaren Hand des Engels Moroni jene »Goldenen Tafeln«, die zur Gründung der Kirche Jesu Christi der Heiligen der letzten Tage führte.

Buffalo liegt nahe. Es wird mit seiner architektonischen Bandbreite so oft, so ungerecht übersehen. Nur das Rüchlein von Verderbtheit und Gewalt, das aus der frühen Canal Street aufstieg, ließ sich über Generationen nicht tilgen. Die Hafenstadt nahe der Mündung des Niagara River in den Eriesee, eine Stadt der Industrie und der Mühlen, lebt weitgehend nach innen. Besucher von Buffalo bleiben nicht lange. Das Ziel ihrer Reisesehnsucht heißt Niagarafälle.

Der Niagara River, der den Erie- mit dem Ontariosee verbindet, hat auf einer Strecke von fünfzig Kilometern ein Gefälle von hundert Metern zu überwinden. Aus einem riesigen Seebecken stürmt und quält sich das Wasser in ein schmales Flußbett, um plötzlich, voll von überschüssiger Kraft und der Beengtheit müde, über eine hohe Kalkstufe zu springen. Die USA und Kanada teilen sich die »donnernden Wasser«. Doch die Vereinigten Staaten bekamen einst den kleineren Teil, den weniger spektakulären. Die American Falls sind nicht einmal halb so breit wie die kanadischen Horseshoe Falls. Nur die Fallhöhe bleibt gleich: Fünfzig Meter stürzen die Wasser hinab, lärmen, sprühen Gischt, nachts von gewaltigen Scheinwerfern angestrahlt, die alle aufstiebenden Sprühwolken in rosa, violettes, gelbes und grünes Licht tauchen. Die erregende und wilde Schönheit des fallenden Wassers wird bei Dunkelheit in ein künstliches, regenbogenfarbenes Gewand gezwängt.

Aus dem Cockpit eines Helikopters sieht die Natur aus wie am ersten Schöpfungstag. Hier hat die Erdgeschichte ihr Bilderbuch. Und auch die am besten gehüteten Geheimnisse werden offensichtlich: Längst nagt das über die Niagarakalkstufe fallende Wasser mit gieriger Wucht am Untergrund. Die Fälle wandern gegen den Strom. Ingenieure haben 1966 die amerikanische Schlucht künstlich verfestigt, um eine weitere Erosion abzuschwächen. Vielleicht wird sich der stürmische Fluß ihren Absichten beugen.

▽ **Brotherhood Winery in den Catskills**
Im Hügelland der Catskill Mountains, die einst vom Lärm des Unabhängigkeitskrieges widerhallten, wird heute Wein gekeltert.

▷ **Mid-Hudson/Boscobel-Herrenhaus**
Auch Mansions *(Herrenhäuser) können umziehen. Boscobel wurde 1804 zwanzig Kilometer flußabwärts gebaut und 1950 an die Flußidylle bei Garrison transportiert.*

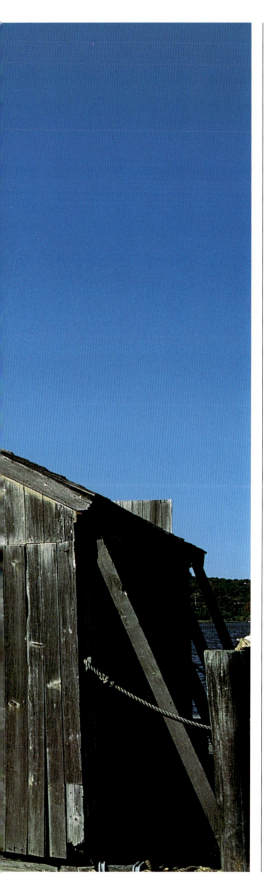

Erde der Pilgerväter: Neuengland

Der dynamische Herzschlag New Yorks verebbt nördlich des Harlem River. Wind läßt die Staubfahnen über den zerbrochenen Häusern wie zum Hexensabbat tanzen. South Bronx versinkt in sprachloser Feindseligkeit, in einem Vakuum verflogener Illusionen. Man verläßt Megalopolis, die ausgefransten Ränder der dampfenden Asphaltstadt, und plötzlich ist das Bedauern schwerelos und ohne Schmerz.

Mobile Bewohner sind schon längst auf der Route 95 nach Nordosten an die Ufer des Long Island Sound gezogen, wo es noch Bäume gab, wo die Luft noch nach Jahreszeiten roch und man die Sonne eine ganze Tagesreise lang vor Augen hatte. Doch sie waren zu viele. Die Orte am Meeresufer wurden Städte wie aus dem Baukasten. Ihre Sonne ist nur mehr eine Zweitsonne, ihr Glitzern eine Spiegelung in den gläsernen, schachtelartigen Hochhäusern, und die Straße, die einmal ein Ausweg in die Freiheit von großstädtischen Zwängen war, führt nun wiederum mitten durch Ballungsgebiete. Häuser bilden Girlanden. Sie bilden Ketten bis Bridgeport an der Mündung des Pequonnock River und reichen einander bis New Haven, zur freundlichen Stadt der Yale University, weiter. Erst dann wird die Küste einsamer, grün und flach, zerrissen, wie sie das Eis vor zwölftausend Jahren zurückließ.

Doch weit im Hinterland der Küste, wo Connecticut in Massachusetts und Massachusetts in Vermont übergeht, in den New England Highlands, ruhen sich alte Farmhäuser behäbig in grünen Wiesen aus. Petunien, Malven und Rosen blühen. Aus den grünen Unendlichkeiten der *Rolling Hills* ragen spitze weiße Kirchtürme, deren Glocken im getragenen Rhythmus läuten, als wollten sie den Pulsschlag der Zeit verlangsamen. An verträumten Seen liegen knarrende Boote vertäut. Und wenn der himmlische Jäger im Oktober den großen Bären erlegt, flammen die Wälder von seinem Blut.

Indian Summer ist Neuenglands mythische Jahreszeit. Der Walnußbaum leitet mit dem ersten zarten Gelb seiner Blätter den Reigen des Sterbens ein. Die Blätter von Buche und Linde werden ihm folgen, von Eiche, Esche und Ahorn. Das Unglück beschert ihnen noch ein kurzes Glück: Im Farbrausch eines zweiten Frühlings gehen sie kardinalrot und dunkelviolett, leuchtend gelb und ocker, sie gehen mit Trauerrändern aus gleißendem Gold in den Tod. Unter einem glasklaren Himmel, in spinnwebfeinem Dunst brennt der Oktoberwald, als hätte man Fackeln in seinen Bäumen entzündet. Meteorologen finden einfache Erklärungen für dieses Kunstwerk der Natur. Warme Luftmassen, sagen sie, hätten die aus Kanada einströmende Polarluft über Neuengland zum Stillstand gebracht, aufgeheizt, und nun täuschten sie im späten Herbst einen zweiten leidenschaftlichen Frühling vor. Tief in den Wäldern, in den Green Mountains von Vermont, in den Berkshires von Massachusetts, am Mohawk Trail, wenn der Wind purpurroten und orangeflammenden Blätterregen aus den Bäumen schüttelt und die Stiefel auf bemoostem Boden im kniehohen Malkasten gehen, sind mir die Mythen und Märchen der Waldindianer mit ihren beseelten Tieren und Pflanzen wesentlich näher.

Die Gebirgssysteme der Appalachen, die Highlands, die tiefen Wälder, die weiten Plateausysteme, der Küstensaum der heutigen Neuenglandstaaten Connecticut, Rhode Island, Massachusetts, Vermont, New Hampshire und Maine waren einst das Land der Algonkin und Irokesen. Sie jagten, fischten, bauten Mais, Bohnen und Kürbisse an. Ein unzerstörbarer Kontrakt verband die Menschen mit der Natur.

◁ In Mystic Seaport (Connecticut)

In ihrem fortschrittlichen »Bund der fünf Nationen« regelten sie ihre Probleme durch Diskussion und Abstimmung. Lange, ehe der weiße Mann nach Amerika kam, wehte eine Ahnung von Demokratie durch die einsamen Jagdgründe.

Die Neue Welt begrüßte die puritanischen Pilgerväter der MAYFLOWER im Dezember 1620 an der Küste von Cape Cod Bay mit Eisnadeln im Wind, mit Schnee und wallendem Nebel, als gäbe es in der Welt nur Kälte und ein weißgraues Einerlei. Das gewellte Land von gelassener Regelmäßigkeit, das bald zur Keimzelle Neuenglands werden sollte, gab sich abweisend. In roh gezimmerten Hütten, der Kälte preisgegeben, hungernd, aller Hoffnung bar, konnte nur die Hälfte der Emigranten überleben. Ohne die Hilfsbereitschaft der Indianer, die sie lehrten, Mais zu pflanzen, Fische zu fangen, Wild zu jagen, wäre auch der Rest zugrunde gegangen.

Plymouth wuchs zäh und langsam, doch *Good old England* war mobil geworden, Freiheitsliebende und Beladene brachen ins gelobte Land auf. Siedlergruppen gründeten New Haven, New London, New Bedford, Boston.

In der Namensgebung schwang Heimweh mit, man hatte das Land um der Glaubensfreiheit willen verlassen, nun wollte man ein neues, ein besseres England, ein England voll gottesfürchtiger Familien.

Der Gott der Puritaner war indes kein lieber Gott, er war rächend und strafend, und so war auch das Leben in den neuen Siedlungen freudlos. Kleine Städte wuchsen akkurat um viereckige Plätze, die Plätze wurden mit Kirche, Schule und Rathaus möbliert. Im geziemenden Abstand standen die *Saltbox* genannten, mit Schindeln verkleideten Holzhäuser, die den Bauernhöfen der englischen Heimat ähnelten. Alles sah traulich, romantisch und ein wenig rührend aus. Doch unter den bescheidenen Dächern regierte puritanische Strenge, die sich bis zu den Hexenprozessen von Salem steigerte. Hier wuchs die Intoleranz heran, mit der Calvins Musterschüler und ihre landhungrigen Nachkommen die Vernichtung der nicht bekehrungswilligen Indianer in Gang setzten.

Hier wuchs aber auch die Tapferkeit der Walfänger, der Fleiß, die Phantasie, die Erfindungskraft, die Händlertüchtigkeit, der Hang zur Bildung, der Trotz und die Widersetzlichkeit heran. Für manche Gruppen war die Bürde der reinen Lehre zu schwer, sie setzten sich ab und gründeten Connecticut und Rhode Island.

Fährt man von New Haven weiter an der Küste entlang, beginnen nun schöne Strände, vor allem nahe der Mündung des Thames River bei New London. Die städtische Verbauung geht hier zu Ende, die weißen Häuser verbergen sich im dichten Grün, und die Atlantikwogen werden nicht mehr von Long Island behindert. Sie spülen voll an die Küste.

Einst spülten sie die Walfänger nach tollkühnen Fahrten in die Geborgenheit der kleinen Häfen und zurück in die Arme ihrer Lieben. Die harten Seeleute mit dem ungewissen Leben und dem ungewissen Ende sind die Gestalten von New Englands Heldenpoesie geworden. In Mystic Seaport ging der letzte ihrer Segler, die CHARLES W. MORGAN, für immer vor Anker. Doch die Galionsfigurenschnitzer fertigen hier noch immer Meermaiden mit sanftem Blick und üppigen Formen, und ihre Seeadler breiten stolz ihre hölzernen Schwingen aus.

Trotzdem heißt es Abschied nehmen von vielem: von der Seefahrt, wie sie einmal war, von den rückwärts gewandten Figuren der Romantik. Die Neuzeit hat im nahen Groton längst begonnen. Hier wächst eine neue, technisch ungemein gebildete Seeleutegeneration heran. Atom-U-Boote werden gebaut, laufen vom Stapel und tragen ein Stück Weltuntergang im schönen, schlanken Bauch.

Die Naval Submarine hat am River

▷ **Indian Summer in Lexington Green**
Im Herbst leuchten in den Neuenglandstaaten die Bäume, und das flammende Blätterwerk hüllt das Land in eine fast unglaubliche Farbenpracht.

Thames ihre Basis, und die fröhlichen, jungen Matrosen belächeln Stonington, das bezaubernde Städtchen an der Grenze zu Rhode Island. Als altes Schiffsbauzentrum verlor es seine Wichtigkeit einst mit den Dampfschiffen. Nun ist Einsamkeit angesagt, Vergessenwerden, auf den Anlegedocks der Fischer verrottet das Holz, und die Bilder am Wasser sind voll Melancholie. Eigentlich ist es ein trauriges Ende für ein Hafenstädtchen, dessen Name einmal einen guten Klang hatte. Heute ist es fast von den Landkarten verschwunden, und nur Kenner machen hier halt, um die Stille zu genießen, die in Rhode Island und Cape Cod so rar geworden ist.

Die Küstenstraße führt nach Jamestown an das Ufer von Narrangansett Bay. Ingenieure bauten ein Wunderwerk. Elegant überspannt die Newport Bridge mit ihren riesigen Türmen, die sich wie gotische Kathedralen in den Himmel schrauben, das tief ins Landesinnere eindringende Meer. Oft liegt die Brücke im Nebel, und die Fahrt wird zum geisterhaften Schweben im Nirgendwo.

Die Indianer nannten Rhode Island *Aquidnek*, die »Insel des Friedens«. Doch der gute Hafen brach den Frieden nicht nur einmal. Immer sind die Orte guter Häfen auch gefährdete Orte, begehrt und verletzlich, manchmal verderben sie auch den Charakter, und das große Wollen wird schäbig. Newport engagierte sich im Sklavenhandel. Schiffe aus Newport fuhren mit Rum aus Boston nach Afrika, tauschten Rum gegen Sklaven, fuhren in die Karibik, tauschten Sklaven gegen Rohrzucker und brachten den Zucker nach Boston, wo wiederum Rum daraus entstand. Das Karussell drehte sich, die Newporter wurden im Sklaventransport reich und votierten vor dem Bürgerkrieg mit Unschuldsmiene gegen die verwerfliche Sklaverei. Schon 1830 war Newport ein beliebtes Ziel der Sommerurlauber. Heute ist es eine der am besten restaurierten Städte Amerikas. So viele Vergangenheitsgeschichten: All die stolzen Jahre des *America's Cup* seit 1851, das intellektuelle Publikum rund um den Schriftsteller Henry James, die Gesellschaft um John F. Kennedy, der in St. Mary's Church das Fräulein Jacqueline Bouvier heiratete.

Im *Golden Age*, dem Goldenen Zeitalter, bauten an der Ostküste von Rhode Island die Astors, die Morgans und Vanderbilts ihre spektakulären *Cottages*. Gold, numidischer Marmor, tscherkessisches Nußbaumholz, rosa Alabaster, italienische Mosaiken, vergoldete Stukkaturen, massive Bronze: Alles, was kostbar ist, alles gleichzeitig und von allem zu viel, wurde in eitlen, geltungssüchtigen Palais verbaut.

Richard Morris Hunt war der Architekt der Vanderbilts. Er dachte triumphal. *The Breakers* am Ochre Point wurde zur Apotheose für den Eisenbahntycoon Cornelius Vanderbilt II. Man kann es besichtigen, edlen Marmor scheu befühlen, Damast streicheln oder sich überlegen, weshalb die erfolgreichen Männer der alten Zeit so ungeheuer viel Pomp brauchten, um sich darzustellen. Man kann auf der Terrasse des Restaurants von Castle Hill still sitzen, auf den Ozean blicken und die Selbstgespräche uralter Einsamkeit führen. Man kann über den Ocean Drive fahren und dort, wo er zu Ende ist, den Cliff Walk entlangspazieren. Ein heller Himmel, ein Meer, rauh vom Wind, und die Segelboote gleiten lautlos durchs Blau: Das ist die wahre Schönheit von Rhode Island. Nicht seine monströsen, oft kitschigen, leeren Häuser, die nun von der Newport Restoration Foundation zu einem Zweitleben als Museen verurteilt wurden.

Jenseits von Buzzards Bay liegt Martha's Vineyard wie aus dem Meer ausgetrieben, eine grüne, bewaldete, hügelige Insel, die einmal verträumt und voller wilder Reben war. Missionare von Waterton in Massachusetts ließen sich 1642 hier nieder. Farmer

▷ **Boston/Tea Party Museum und Skyline**
Kleines Museum, bewegte Geschichte: »Kippt den Tee ins Meer!« riefen die Bostoner, und damit begann ihr Weg in die Unabhängigkeit.

und Walfänger folgten. Die Jahrhunderte ließen nur mehr eine Handvoll Wampanoag-Indianer zurück, sie leben heute noch auf dem äußersten Halbinselchen Gay Head, wo die Klippen steil in das Meer abfallen und die gierige Zunge des Atlantiks eine Chronik der Entstehungsgeschichte freilegt.
Martha's ist eine erfolgreiche Sommerinsel. In ihren blendend weißen Häusern verbringen Leute, die ihr Schäfchen im trockenen haben, ein paar Sonnenwochen, genießen New Yorker und Bostoner das provinzielle Ambiente.
Wenn ich die Wahl hätte, führe ich dennoch auf die Walfängerinsel Nantucket mit den sanften grauen Häusern, die sich der Schlingrosen kaum erwehren können. Das *Nanticut* der Algonkin-Indianer, das »Weit-Weg-Land«, hat schon John Steinbeck fasziniert. Man reitet ins Moor, unablässig heult der Wind, in den Marschen und in den gefluteten Sandvertiefungen gedeihen Beeren, die Möwen ruhen auf abgesägten Baumstämmen im filzigen Riedgras aus.
Auch Cape Cod, der weit in den Ozean vorgestreckte, gekrümmte Landfinger von Massachusetts, ist unter die Menge gekommen. Zu viele Städte im Hinterland, zuviel Sonnensehnsucht, zuviel Prominentensuche in Hyannis Port. Doch hinter den Motels schwingen sichelförmig Hunderte Kilometer unberührter Strand aus.
Und Provincetown an der äußersten Spitze der Halbinsel gehört noch immer ein wenig den Künstlern und den Literaten, den sonnigen Tagen und den in endlosen Gesprächen verschenkten Nächten.
Weit im Nordwesten über Massachusetts Bay kann man Boston ahnen. Die Metropole an der Mündung des Charles River, als Hafenstadt bedeutend, wirft ihre Schatten voraus. Boston, von Beginn an sehr britisch wie die gleichnamige Stadt in der englischen Grafschaft Lincolnshire, sehr gediegen, sehr kapriziös. Ungeachtet der unendlichen Weite des Hinterlandes trug man einen Hügel ab und schüttete Gewässer zu, um den Boden für eine größere Stadt aufzubereiten, als sie die ursprünglich kleine, hügelige Halbinsel eigentlich zuließ.
Boston, das ist Zähigkeit, Gläubigkeit, Kühle, Festigkeit und Gesinnung – Gesinnung aber wirft immer die Frage nach der Freiheitsliebe auf. England düpierte seine Kolonie. Die im Herzen so britischen *Bostonians* ließen sich nicht düpieren. 1773 war der Aufstand da, ihm konnte nur der Krieg folgen.
Seine Wirklichkeit war wechselvoll, blutig, zerstörerisch, Neuengland gegen Altengland, das war kein Krieg mit kaltem Herzen. Doch er mündete 1776 in der Unabhängigkeitserklärung. Boston hatte die Saat gelegt, sie war aufgegangen, nun rühmt sich die Stadt, die Wiege der amerikanischen Freiheit zu sein.
Vom Boston Common aus kann man auf dem *Freedom Trail* den Spuren der amerikanischen Revolutionsgeschichte folgen. Ein roter Faden aus Ziegelsteinen im Straßenpflaster führt über den Old Granary Friedhof hinaus nach North End, zum bescheidenen Haus des Silberschmieds Paul Revere, der zum Helden der Revolution wurde. Das Haus ist klein, es ist braun und düster, eine *Saltbox*, die älteste in Boston. Hinter den braunen Fensterläden verbargen sich die stolzen, frommen, unbeugsamen Männer, die gegen einen König zu Felde zogen und ihn letztendlich besiegten.
Boston hat die Relikte seiner Vergangenheit bewahrt. Doch das Old State House ist von Wolkenkratzern eingekreist, auf die Trinity Church blickt der gläserne John Hancock Tower sehr kühl und sehr eitel herab, Old North Church, wo sich die *Bostonians* mit ihrem strengen protestantischen Gott berieten, verlor in

▷ **Boston/Blick vom John Hancock Tower**

der nun überwiegend römisch-katholischen Stadt an Wichtigkeit.
Mit dem Brandzeichen der Freiheit nahm auch Eitelkeit von der Stadt Besitz. Sie deckte ihr neues State House mit einer Kuppel aus purem Gold. Der Reichtum kam aus dem heute noch romantischen Viertel Beacon Hill, aus den wuchtigen Backsteinhäusern im *Federal style*, dem klassizistischen Baustil der jungen Freiheit. Wohlstand breitete sich in der ganzen Stadt aus, füllte die Museen, ließ Kunst, Kultur und Bildung gedeihen und baute eine Wolkenkratzerskyline, die die wiedergewonnene Bedeutung der Stadt so eindrucksvoll unterstreicht.
Auf der anderen Seite des Charles River liegt Cambridge, und Cambridge bedeutet Harvard University. Amerikas berühmteste *Alma mater*, in der Tradition und Fortschritt in gleicher Weise Platz finden, verlieh Boston den Ruf, die geistige Metropole Amerikas zu sein.
Die hohe Schule der Neuen Welt hat fünf Präsidenten erzogen und 27 Nobelpreisträger hervorgebracht, und wer hier aus- und eingeht, erwartet das eine oder andere Große für sich. Zumindest weittragende Ideen und weittragende Zuversicht, wie sie die Kolonieväter von Massachusetts 1638 hatten, als sie beschlossen, am stillen, unberührten Ufer des Charles River eine Stätte des Lernens zu etablieren.
Entlang der Straße nach Norden öffnen sich herrliche Ausblicke auf Massachusetts Bay. Herrenhäuser verbergen sich im Grün, weiße Säulen werfen lange Schatten auf weiße Veranden, die mit Schiffsbau, mit Fischerei, mit Sklavenhandel, mit dem Ozean verdient wurden. Hier muß man kleine Abstecher an die Küste von Ipswich Bay und Newburyport machen, um zu ermessen, welche Ernten das Meer einst den Menschen bescherte.
An der Küste reichen pittoreske Fischerorte einander die kleinen Buchten zu. Leise geht das Land in Maine über. Malerische Flecken wie Kennebunk Port, Natursteinhäuser, die weit über das Meer blicken und inmitten von großen, runden, geschliffenen Kieseln stehen, als stünden sie in Gärten, verströmen eine eigene Atmosphäre. Morgens liegt der Geruch von *Muffins* (Teekuchen) in der Luft, nachmittags wärmt der *Afternoon tea* Leib und Seele.
Maine ist der größte Staat Neuenglands, voll von Wäldern, von gletschergeformten Bergen, von rund 2 500 Seen, die das Eis zurückließ, voll von Flüssen, die verwirrend viele Mäander um moosgrüne Inseln bilden. Das Land, fern von großen Städten, ist wild und schön, und seine Straßen sind Waldwege, die man auf hartem Schotter befährt.
Seine Weite und seine Stille sind unermeßlich, seine Schätze an Holz ein Dorado der Papierfabriken. Im Baxter State Park und nördlich davon, in der Wildnis des Allagash River, leben Bären und Elche. Die Landschaft gehört den Wanderern, den Jägern, den Trappern, den Kanufahrern, den Menschen, die Einsamkeit suchen und sich in der Einsamkeit beweisen wollen.
Maines Küste ist 5 600 Kilometer lang, aus Granit, voller Klippen, in tausend Inseln zerbrochen. Überall kleine Fischerdörfer, kleine Katen, Lobsterfallen, Bojen in phantasievollen Farben, die jeder für sich selbst kreiert, um sein Eigentum zu kennzeichnen. Im Hafen Portland laufen alle Fäden zusammen, doch spätestens in Augusta sollte man den Highway verlassen und die Straßen zur Küste und längs der Küste wählen.
Camden, das Städtchen an Penobscot Bay, liebe ich am meisten. Yachten tupfen den Hafen weiß, auf Segelschonern kann man wochenlang vor der Küste von Maine kreuzen, der Blick auf Penobscot Bay und seine vielen Inseln ist wunderschön.

▷ **Angler an der malerischen Küste von Cape Ann**

Tiefblaues Wasser brandet an den rotbraunen Granit von Mt. Desert Island, den harten Stein, den Eis und Wasser in unendlicher Zeit zu glatten und runden Formen schliff. Samuel de Champlain, königlicher Karthograph am Hofe Heinrichs IV., entdeckte die Insel 1604.
Er trug sie als *L'Isle des Monts Déserts* in seine Karten ein. Kahl, das war die Sicht vom Meer her. Felswände, rötlich, tönern, wie gebrannt, Steinfluren, aus Granitblöcken geschichtet, und das tiefblaue Wasser mahlt zornig an den Ufern.
Das Licht ist hier alles, die Klippen scheinen es aufzunehmen wie ein Spiegel, sanft gleitet es im Laufe des Tages vom hellen Rosa bis ins dunkle Violett hinein, und nachts werfen die Leuchttürme ihre hellen Signale einander zu.
Große Teile von Mt. Desert Island gehören zum Nationalpark Acadia. Die Insel ist ein halb ertrunkenes Gebirge. Das macht ihre Landschaftsformen, ihre Seen, ihren Fjord, ihre Blaubeerenbüsche, ihre Wälder, die bei Flut mit nassen Füßen stehen, so interessant und schön.
Im Hinterland der Küste, der einsamen felsigen Kaps, einem Dorado der Seeschwalben und Lachmöwen, führt die Straße von Ellsworth bedächtig zur Mündung des Ste.-Croix-River und zur kanadischen Grenze.

▷ **New Haven/Yale University, Old Campus**
Elihu Yale, ein früher Gönner, dient als Namenspatron der 1701 im nahen Saybrook gegründeten Yale University.

▷▷ **Cambridge/Harvard University, Memorial Church**
Absolventen der Eliteuniversität Harvard zählen zu den brillantesten Köpfen der Nation. Die Memorial Church gedenkt jener, die im Bürgerkrieg ihr Leben ließen.

◁ **Kennebunk Port/Riverside Inn**
Die Küste von Maine ist rauh, windig, tief eingeschnitten und felsig. In Gaststätten wie diesen kommt der beliebte Maine Lobster (Hummer) auf den Tisch.

▽ **Newport Bridge**
Als die Astors, Morgans und Vanderbilts auf Rhode Island ihre spektakulären Villen bauten, gab es diese, die Narrangansett Bay überspannende Brücke noch nicht.

Weg in die Geschichte: die Ostküste

Schwer drückt der flache Quäkerhut mit der breiten, geschwungenen Krempe den Mann aus Bronze. Schwarzgrün ist sein Gehrock, verwittert von der Zeit, angenagt von einer bleifarbenen Luft aus Tüchtigkeit und Industrie. William Penn, der einflußreiche Quäker aus London, residiert als Denkmal an der Spitze von Philadelphias City Hall. Gegen Ende des 17. Jahrhunderts erwarb er West New Jersey und trieb als ererbte Schuldforderung an die britische Krone riesige Ländereien nördlich von Maryland und das Gebiet von Delaware ein.

Pennsylvania, »Penns Waldland«, wurde aus einer großen Idee geboren. Ein Staat entstand als frommes Experiment für Menschen, die glaubten, das innere Licht in sich zu tragen und daher vor Gott und den Mitbrüdern gleich zu sein.

Zwischen den Ufern des Delaware und des Schuylkill River wuchs die »Stadt der brüderlichen Liebe«, *Philadelphia*, aus dem Boden. Toleranz war angesagt, Kriegsdienst und Eide waren gebannt, extrovertierte Lustbarkeit verboten.

Auch Deutsche kamen, Pietisten und Mennoniten, vornehmlich aus der Pfalz, unter der Führung von Franz Daniel Pastorius. Sie gründeten Germantown, die Wiege des nordamerikanischen Deutschtums. Von hier gingen viele Anstöße aus, die Philadelphia im 18. Jahrhundert zur Wirtschaftsmetropole der englischen Kolonien werden ließen. Nostalgische Erwartungen, die man jedoch an Germantown knüpfen könnte, heute noch, nach 300 Jahren, werden nicht erfüllt. Die Stadt der Deutschen wurde ein Vorort, der Vorort geriet zum Slum, er wurde arm und schwarz und zornig, hier wohnen heute die Beladenen in einer seltsam kalten amerikanischen Einsamkeit.

Auch über die »Stadt der brüderlichen Liebe« ging längst die Zeit hin. Die alten Rezepte funktionieren nicht mehr, allzu lange glänzten sie ohnedies nicht. Die Pioniertaten der Quäker wurden von der zerstörerischen Dynamik der Politik, der Habsucht und des Egoismus überrollt. In Pennsylvania, dessen Gründer Gewalt und kämpferische Auseinandersetzungen verabscheuten, war im Unabhängigkeitskrieg viel Blut vergossen worden. Penns Erben standen erbittert gegen Penns Ahnen.

Die trotzige Ernte wurde in Philadelphia eingebracht: Am 4. Juli 1776, als New York noch britisch war, verkündete man im Pennsylvania State House die von Thomas Jefferson verfaßte *Declaration of Independence* (Unabhängigkeitserklärung), und 1787 wurde hier die in ihrer Substanz heute noch gültige Verfassung erlassen. Die Wiege einer neuen Nation stand rund um das koloniale Viertel am Independence Square, jenseits der vornehmen Chestnut Street. Penns Stadt war zehn Jahre lang die Kapitale der neuen Vereinigten Staaten. Sie wurde in der Folge groß und eitel, Pragmatismus siegte über Idealismus, schnell begriff ihr Talent die Chancen.

Der Hafen, 135 Kilometer von der Atlantikküste entfernt, wurde einer der wichtigsten an der Ostküste. Die Industrie nimmt eine führende Rolle im Schiffsbau ein. Gewaltige Raffinerien stehen am Flußufer. Die chemische Industrie reüssiert. Ein rastlos beschleunigter Alltag macht die Stadt grau und nüchtern, sie lockt nicht, sie verführt nicht und triumphiert doch.

Ihr historisches Stadtzentrum, zum Independence National Historic Park zusammengefaßt, steht am Beginn des amerikanischen Traums, der nie ein gewöhnlicher Traum war, sondern im amerikanischen Selbstverständnis der von Gott gezeigte Weg im Land der Verheißung. Inmitten von Hektik und Größenwahn fahren harte Männer mit derben Fingern gerührt und unbeholfen über das Glas des historischen Pavillons an der Mall, als könnten sie die Wunde der ausgestellten Freiheits-

◁ **Amish-Mann**
Die Nachfahren Schweizer und deutscher Glaubensflüchtlinge leben streng nach der Bibel, *streng nach alter Väter Sitte und Brauch.*

▷▷ **Washington/Kapitol und Weißes Haus**
▷▷ **Philadelphia/Haus der Betsy Ross**
Das größte Machtzentrum der Welt, steingewordenes Abbild des amerikanischen Traums, gab sich antike Stilelemente. Das Weiße Haus des Präsidenten und das Kapitol erinnern an Athen und Rom. Rührend im Ensemble der großen Geste, wo alles monumentale Dimensionen hat, wirkt das Häuschen der Betsy Ross, jener glühenden Patriotin, die 1776 das erste Sternenbanner stickte.

glocke, die sprang, als sie die Freiheit längst eingeläutet hatte, heilen. *Liberty Bell* wurde schon 1752 in London gegossen. Und sie war, wie ein Poet gesagt hatte, der zerbrochene Ton aus Whitechapel, die unsägliche Trauer über die Separation. Vielleicht wollte die Glocke nicht läuten und sprang Jahrzehnte später aus Kummer, aus Protest, aus übergroßem Schmerz?

Millionen Amerikaner haben sie jedoch längst emotional vereinnahmt, wie sie das altersmüde Häuschen der Betsy Ross, die mit flinken Händen die erste Fahne Amerikas gestickt haben soll, ins Herz geschlossen haben. Wenn die Geschichte gottnah und rührend gelehrt wird, bekommen die Legenden Flügel und die nüchterne Zweimillionenstadt ein paar Goldglitzertupfen.

Die ideellen Erben der Mennoniten leben heute in Pennsylvanias Lancaster County. Glaubensflüchtlinge aus der Schweiz, dem Elsaß und Südwestdeutschland. Sie haben sich der Zeit, den neuen Jahrhunderten, der fortschreitenden Technik verweigert. In der weiten Ebene im Vorland der Appalachen, in kleinen Dörfern, in einsamen Höfen, mit den Kutschen der Amischen, die so behaglich über Land und unter langen Reihen von Apfelbäumen dahinzuckeln, leben sie ein einfaches, naturverbundenes, bibelfestes Vergangenheitsleben.

Südlich von Philadelphia ragt Delmarva Peninsula fast 300 Kilometer weit nach Süden und trennt Delaware Bay von Chesapeake Bay. Das Süßwasser der großen Flüsse mischt sich mit dem Ozean. Die Städte empfangen das Ambiente von ihrer Küstenlage, vom weiten hohen Himmel, von den berühmten blauen Krabben und Austern in den Fischerbooten und auf Speisekarten.

Marylands Hauptstadt Annapolis, eine der malerischsten Städte der Vereinigten Staaten mit einem alten, schönen, geschützten kolonialen Gewand, sieht am Abend, wenn der Mond aufgeht, immer aus, als setzte sie Segel, um sich mit dem Wind in die Weite treiben zu lassen, hinunter nach Cape Charles und weiter über den Ozean.

Sie ist eine Art Sehnsuchtsplatz zwischen Baltimore und Washington, der freundliche Ort, wo man eine Yacht liegen haben möchte, um in Mußestunden sanft in die Chesapeake Bay hinauszugleiten, wenn sich das Wasser im Glanz perlender Sonnenreflexe entzündet.

Washington unter dem schweren, tiefhängenden Himmel, die Hauptstadt, die aus Ödland, aus Sümpfen und Maisfeldern wuchs, wurde auf dem Reißbrett des Architekten Pierre Charles L'Enfant erdacht. George Washington, der herbe, schmallippige Mann aus Virginia, der Vater der neuen Nation, gab eine weiße, maßvolle, raumverschwendende Stadt im Nirgendwo in Auftrag. Im Konzept mischten sich die Ideen von Athen, Rom und Paris mit geometrischer Sachlichkeit, mit imperialem Anspruch, mit jungem Stolz. Man wollte eine Hauptstadt mit Weltgeltung bauen, schon damals, als noch die steife Brise der Revolution gegen den britischen Kolonialismus die Rockschöße der Uniformen blähte.

Washington gedieh ängstlich und zögernd, als wollte es die Wurzeln nicht in eine Landschaft graben, die für eine Stadt nicht geschaffen war. Das Wollen schien zu groß, und Kleinmütige dachten mehrmals daran, alles aufzugeben und das unwirtliche Land wieder den Grillen und den Moskitos am Potomac River zu überlassen.

Aber dann, ab der Mitte des 19. Jahrhunderts, wuchs die Stadt kraftvoll auf dem humanisierten Boden und in einer von Menschen gestalteten Zweitnatur. Nun schäumen im Frühling die Magnolienbäume über. Ein paar Tage lang ist die Metropole zärtlich in ihr Lila und in das Weiß der Millionen von Kirschblüten getaucht.

Im März bekommt die Landschaft etwas japanisch Getuschtes, und die Myriaden leuchtendgelber und roter Tulpen stehen wie pausbäckige Bauernjungen in den akkurat angelegten Beeten.

Washington ist eine Stadt mit Zierat und Grün. Sie ist in ihrem Kernstück um die Mall weitläufig, läßt unendlich viel Luft zum Atmen. Der Himmel, vom Capitol Hill aus gesehen, dem Hügel, auf dem im kathedralenähnlichen Kapitol das wohl mächtigste Parlament der Welt tagt, ist endlos weit. Man kann seine Inszenierungen, seine schwebenden Wolkenfahnen, seine Dramatik, seinen Farbenwechsel bis zum glühenden Abendhimmel hin uneingeschränkt genießen. Schönheit ist hier nicht auf einen Sucherausschnitt reduziert. Sie kommt breit und stolz daher und rahmt die Stadt wie eine Gloriole. Zwischen reichlich Marmor und Museen, die wie griechische Tempel aussehen, wurde die breite Mall gebettet. Wie ein stolzer grüner Teppich führt sie von der römischen Kuppel des Kapitols zum Ufer des Potomac und seitlich mit Parkarmen zum Weißen Haus und über das Tidal Basin zum pantheonähnlichen Jefferson Memorial.

Die kurze Geschichte der USA, die Geschichte, die ihre Vor- und Frühgeschichte so gerne in Schweigen hüllt, hat am Prachtboulevard ihre vaterländischen Altäre in der Sprache der Neuen Welt eingerichtet: Klopfzeichen von Größe. Washington Monument bildet eine imaginäre Mitte. Der Obelisk aus weißem Marmor ragt nahezu zweihundert Meter in den Himmel. Man kann bis in die Spitze vordringen, und die Stadt liegt einem zu Füßen.

Der historisch geschulte Blick fängt den kuppelgekrönten Rundtempel am Ufer des Tidal Basin ein. Amerikas dritter Präsident, Thomas Jefferson, steht dort aufrecht im gemauerten Kreis seiner Zitate, die wie edle Sprechblasen in die Mauern geritzt erscheinen. Aus über sieben Metern Höhe blickt der Verfasser der Unabhängigkeitserklärung auf sein Volk, das ihm seine farbige Zweitfamilie, seine schöne, kluge Sklavin Sally Hemings und ihre sieben Kinder, die er freiließ, aber nie anerkannte, stets nachsah. Schrieb er denn nicht selbst in seinen Bemerkungen über den Staat Virginia: »Zweifellos unterliegen die Sitten und Gebräuche unseres Volkes einem unseligen Einfluß, welcher durch die Existenz der Sklaven bei uns entstanden ist.«

Zwischen dem dritten und dem sechzehnten Präsidenten der USA liegen

▷ **Bürgerhäuser in Alexandria (Virginia)**

Welten, zwischen ihren Denkmälern allerdings nicht. Abraham Lincoln, der Sklavenbefreier, sitzt marmorn im marmornen Lehnstuhl in der Säulenhalle eines griechischen Tempels und blickt gedankenversunken über den Wasserspiegel des Reflecting Pool. Daniel Chester French gab ihm ernste, melancholische Züge, als trüge er noch immer schwer an der Last des Bürgerkrieges, an mehr als 600 000 Toten, an einem verwüsteten Land, an der verbrannten Erde des Südens. Es scheint, als wäre auch er über den Nordstaatensieg nie so ganz glücklich gewesen.

Zwei Drittel der Bevölkerung Washingtons sind farbig. Die Metropole ist die ihre, viel mehr als die der weißen Mitbürger. Mit dem Ende des Bürgerkrieges kamen die Freigelassenen in Scharen, als suchten sie wie ängstliche Kinder die Nähe Lincolns, damit er ihnen nach der Freiheit auch Geborgenheit, Arbeit und Brot gebe.

Doch Lincoln wurde von einem Rassenfanatiker ermordet und konnte ihren Weg in die Freiheit weder begleiten noch beschützen. Ihre Kinder und Enkel mußten noch hundert Jahre warten, bis sie endlich die gleichen Rechte wie die Weißen erkämpft hatten. Arm sind die meisten geblieben. Die Stadt, die sich eitel und selbstgefällig eine weltumspannende Integrationskraft zumißt, wurde mit ihren eigenen Problemen bisher nicht wirklich fertig.

Viele Präsidenten zogen in das vornehme Weiße Haus, Pennsylvania Avenue 1 600, ein und wieder aus. Mit ihnen Glück, Unglück, Sendungsbewußtsein, Überheblichkeit, Weltmachtpolitik, von der die Fernsehstationen rund um den Globus fast täglich berichten.

Die Stadt hat ein Faible für das Pathetische. Nur das Vietnam Veterans Memorial ist schlicht gehalten. Fast versteckt, eine Ebene tiefer, liegt es in den Constitution Gardens an der Mall. Auf spiegelndem schwarzen Granit stehen 58 123 Namen, Opfer eines Krieges, eines aberwitzigen Unterfangens, das seine Opfer kaum verstanden. Es ist die nicht vernarbte Wunde, der ewige Stachel in der Mär der amerikanischen Unbesiegbarkeit, eine Wand der unendlichen Zwiegespräche.

Die Mauer wiegt schwer, schwerer als die schneeweißen Steine auf dem weiten grünen Rasen des Arlington National Cemetery jenseits des Potomac. Der Tod grüßt hier nobel und würdevoll, freundlich beinahe und stolz, wie Sieger grüßen, zum nahen Pentagon hinüber, wo er kalkuliert, in Kauf genommen und archiviert wurde.

Städte wie Washington, voller Denk- und Bedenkwürdigkeiten, haben jedoch nur scheinbar keine romantischen Winkel. Auf dem Chesapeake- und Ohio-Kanal gleiten von Maultieren gezogene Barken durch eine wilde, schöne Parklandschaft.

In Georgetown haben viele Häuser noch den malerischen Charme der Gründerzeit. Im Rock Creek Park dringt Wald in die Stadt ein, als wäre er ein Vorbote der Blue Ridge Mountains, der sanft rollenden Waldteppiche, die im Oktober den Shenandoah National Park mit prallen Farben füllen.

Das gleißend helle Licht Virginias verlockt Amerikaner zur weiteren Begegnung mit ihrer Geschichte, zu George Washingtons Landsitz Mount Vernon und Präsident Jeffersons Landsitz Monticello, der Villa im Stil von Palladios La Rotonda bei Vicenza.

Es zieht sie zu Picknicks auf die historischen Schlachtfelder von Manassas, Fredericksburg, nach Richmond in die ehemalige Hauptstadt der Südstaatenkonföderation mit dem vom Winde verwehten Glanz, nach Petersburg und Yorktown. Längst sind die Schlachten in Aufführungen von Laienschauspielern zu historischen Spektakeln verkom-

▷ **Allee in Savannah (Georgia)**

men. Verniedlicht wie die Kleinstadt Williamsburg, die koloniale, die britische Hauptstadt Virginias, die mit dem Geld John D. Rockefellers durch Restaurierung und erneuerte Altbauten zum kolonialen Nachleben bestimmt wurde. Im James River ankern die Kopien jener drei kleinen Schiffe, der SUSAN CONSTANT, der GODSPEED und der DISCOVERY, die Englands erste Siedler 1607 in die Neue Welt brachten.

Nahe bei Jamestown stehen die rekonstruierten Häuser der ersten Siedler, und außerhalb der Palisaden liegt ein nachgebautes Indianerdorf. Im Festival Park spielen Weißhäute Rothäute, spielen Krieger, Häuptling und Medizinmann, um die Geschichte so darzustellen, wie sie nicht war. Von den einstmals 32 Stämmen Virginias blieben kaum mehr als Spuren.

Viel Wasser gibt es an der Küste Virginias. Hier enden mächtige Flüsse, in Hampton Roads mischen sich die Fluten des James River mit denen der Chesapeake Bay. Große Städte liegen am Ufer: Hampton, Newport News, Portsmouth, Norfolk, Virginia Beach. Kräne hängen wie Fangarme vor dem bleichen Himmel, Rauch verwischt die kühlen Konturen der hohen Häuser, Schiffe pflügen das Wasser.

In einem der größten Marinestützpunkte der Welt hat die Atlantikflotte der Navy ihren Heimathafen. Hier und in der Oceana Naval Air Station, südlich von Virginia Beach, herrscht lastende Vorgewitterstimmung. Die Schiffe und Flugzeuge tragen einen millionenfachen blitzenden Tod, und man wünschte, ein Zauberer würde dafür sorgen, daß sie ihre Ankerplätze niemals verlassen könnten.

North Carolina mit einem gebirgigen Herzen, mit Wäldern, die an Kanada erinnern, mit Tabakfeldern, die viel weiter reichen, als das Auge blicken kann, schwingt zur Küste hin in Sümpfen aus. Land und Meer sind uneins und gründeten eine merkwürdige Zwischenwelt, eine Salzmarschenlandschaft mit verzweigten Flußarmen, die, von Wasserzypressen bestanden, wie grüne Mäander zum Meer ziehen. Die Luft ist schon wärmer hier, der Himmel schwerer, seine Wolkentürme lasten oft bleifarben, man hat den Süden eingeholt.

Charleston liegt auf einer Halbinsel zwischen den Flüssen Ashley und Cooper. Die Wasserarme tragen den Namen des Stadtgründers Anthony Ashley Cooper, des ersten Grafen von Shaftesbury, eines seltsamen bunten Vogels, der gewiß kein Puritaner, sondern ein genußfreudiger Ästhet und ein Sklavenhändler war. Hier erfreute man sich an Theater und Pferderennen, man lebte, liebte, spielte, trank, und die frühen Pflanzer, die aus Barbados kamen, machten sich fröhliche Tage und fröhliche Nächte.

In der eingeübten Südstaatenstadt, in der aristokratischen Pflanzermetropole mit den noblen Ambitionen, geübt in Duellen, wurde die Wahl von Abraham Lincoln, der die Sklaverei abschaffen wollte, wie eine kecke Herausforderung aufgenommen. Die Sezession war da, die Südstaaten verließen die Union, der Krieg lag in der Luft.

Im Bereich des wasserumschlossenen, unionstreuen Fort Sumter fielen die ersten Schüsse. Die Konföderierten zwangen am 14. April 1861 das Fort zur Kapitulation. Vier Jahre lang tobte ein Krieg mit wechselndem Glück östlich und westlich der Appalachen, mit mehr als 600 000 Toten, ehe die Union den Sieg davontrug.

In Charleston zelebriert man die Gegensätze zwischen Nord und Süd noch. In Gedanken zumindest rümpft man die Nase über die *Yankees*, die sich mit stolzgeschwellten Brieftaschen in die schönen, weißen Häuser mit den zauberhaft zarten Veranden, die noch vor dem Krieg gebaut wurden, einkaufen. Die über den History Trail in der Altstadt wandern, als wäre es ihre Geschichte, und durch das Blütenmeer der großen Gärten streifen, als hätten einst ihre Vorfahren und nicht Sklaven die Beete angelegt.

Pflanzerenkel und Sklavenenkel teilen sich nun die Stadt zu gleichen Teilen, allerdings nur räumlich. Daß Charleston nicht nur in den USA, sondern in der ganzen Welt zum Begriff wurde, hat es jedoch seinen schwarzen Mitbürgern zu verdanken. Eine Straßenkapelle hob auf der King Street den *Charleston* aus der Taufe, den knieschleudernden Modetanz der zwanziger Jahre. In Charleston spielt die Geschichte von George Gershwins Oper um die stille Tragödie des verkrüppelten Bettlers Porgy und der triebhaften, leichtfertigen Bess.

Die Stadt ist schön. Sie ist unamerikanisch, ihre maßvollen Häuser in europäischen Dimensionen fügen sich nicht in das amerikanische Konzept. Die Battery, eine Flanierstraße am Wasser, strahlt unendlich viel Charme aus. Hier würde man leben wollen, vielleicht auch in Savannah, wo South Carolina an der Mündung des Savannah River still in Georgia übergeht.

Auch Georgias Küste ist zerbrochen und voller Sümpfe. Florida wirft seine Schatten voraus.

▷ **Savannah/Restaurant in der River Street**

◁ **Nordküste von Jekyll Island (Georgia)**
Die toten Bäume am Strand täuschen. Millionäre hatten bis zur Mitte unseres Jahrhunderts hier ihre Sommersitze. Nun bilden ihre Häuser ein Museumsdorf.

▷ **Savannah/Raddampfer**
Ihre Räder pflügen das Wasser wie einen nassen Acker. Ihre Sirenen sind heiser wie die Fanfaren einer längst vergangenen Zeit.

▽ **Atlanta/Skyline von Norden**
Aus einer ursprünglich kleinen Siedlung der Cherokee-Indianer wurde die Hauptstadt Georgias, das »Zentrum des Neuen Südens«.

▷ **Atlanta/Peachtree Center**
John Portman entwarf das »Rockefeller Center des Südens«, eine ultramoderne Hochhausgruppe aus Hotels und einem viergeschossigen Einkaufszentrum.

Sonnenstaat mit weißem Saum: Florida

Amerikas äußerster Süden, sein ausgestreckter Daumen, liegt wie ein Wellenbrecher zwischen dem schwermütig wogenden Atlantik und dem Golf von Mexiko. Florida ist ein erdgeschichtlich junger Boden, flach, weit, einst nur Grün und Wasser, ein starrer und fließender Landstrich, in dem Apalachee-, Timucua- und Calusa-Indianer in den nicht endenwollenden Sommern voll Backofenglut, in den sanften, milden Wintern ihrer Jagd nachgingen.

Als Juan Ponce de León, der alternde Konquistador, 1513 auf der Suche nach dem sagenhaften Zaubergarten ewiger Jugend in Florida an Land ging, setzte er ein Karussel in Gang, das bis heute nicht mehr anhielt. Welle auf Welle kam der weiße Mann, der Eroberer aus Spanien auf der Suche nach Gold, der Hugenotte aus Frankreich auf der Suche nach Freiheit, der geadelte Freibeuter aus England auf der Suche nach Beute. Der weiße Mann machte das Land zum Spielball, zum Experimentierfeld, zur Tauschmünze, zur käuflichen Ware. Mit Grausamkeit, mit Besitzgier wurde es seines.

Aber das Land beugte sich nicht schnell. Da gab es das Meer, das die Ostküste täglich blank wusch, die West- und Südküste in tiefe Buchten auffächerte und in Hunderte von Inseln zerbrach. Da gab es die riesigen Sumpfgebiete im Süden, sirrend vor Moskitos, von Alligatoren durchfurcht, von Seminolen verteidigt. Da gab es ein geheimnisvolles Seengebiet im Zentrum und tiefe Kiefernwälder im Norden.

Da gab es Hurrikans, die in der dem Kontinent südöstlich vorgelagerten Tiefdruckrinne geboren wurden und laue Herbsttage zuweilen in ein Inferno aus fallenden Bäumen und fliegenden Häusern verwandelten.

Erst im 19. Jahrhundert begannen Pflanzer, Baumwolle und Orangen zu kultivieren. Der große Erfolg kam jedoch über den Sonnenscheinstaat, als die weißen Küstenränder unter dem immerblauen Himmel für den Tourismus entdeckt wurden. Er kam erst in unserem Jahrhundert. Eisenbahnlinien wuchsen am Meer entlang und hüpften von Insel zu Insel weit und dramatisch über das Wasser nach Key West. Riesige Hotels entstanden. Träume wurden in Cape Canaveral realisisiert, Träume vom weiten Weltraum, und in den lauen, blauen, zärtlichen Nächten spannen sich die Fäden bis zum Mond.

Florida ist theatralisch, Florida ist pathetisch, ein Widerpart zu Neuenglands Kühle, Florida ist da, wo die Sonne scheint, wenn es in Boston oder New York schneit, es liegt so südlich wie die Sahara und Katar am Persischen Golf.

Von Jacksonville aus fährt man eine verlockende Küste entlang. Unermeßlich wogt der Atlantik, ein riesiger blauer Teppich, der lange Falten wirft. Und immer weht der Wind, der die Küste fegt und fächelt, der sich als geselliger Bursche gibt und die Lebenslust in all ihren Spielarten antreibt.

In Daytona Beach, auf dem harten Sand, hatten einst die Geschwindigkeitsfanatiker ihre Piste. Ihre kindliche, die vergoldete Rekordsucht vertrieb sie nun auf betonierte Bahnen, doch die Stadt an der Küste ist noch immer ein lauter Studententreff. Im *Spring Break* (»Frühlingserwachen«) verwandelt sie sich in eine lärmende Kulisse für ausgelassene, leichtsinnige und überhitzte Jugendliche.

Walt Disney, der Mann mit dem naiven Herzen, der seine Träume auf die Erde holte und wahr machte, erwarb südwestlich von Orlando 113 Quadratkilometer Kiefernwälder und Sumpfland. Das Gebiet war melancholisch und wild und struppig. Nun ist nur mehr ein Drittel des Areals so, als ob eine sehr alte Schwermut darüber läge. Zwei Drittel wurden nach dem lieblichen Bild Walt Disneys geformt, verändert und neu erschaffen. Mit feinstem

◁ **Panama City/Strand am Miracle Strip**

Sand aus Hawaii, mit mächtigen Königspalmen aus bester Zucht, mit ausgelegten Rasenteppichen, mit künstlichen Seen, die künstlich Wellen schlagen.

Ein Illusionist erfand eine neue Landschaft und erbaute Magic Kingdom. Nun wollte er auch eine neue Stadt erschaffen. Mit unendlichem Optimismus plante er Epcot Center, den Prototyp der Stadt von morgen, das Ideal des menschlichen Gemeinwesens der Zukunft, in dem alle Fehler der finsteren Vergangenheit ausgemerzt und alle Visionen bis weit ins nächste Jahrtausend verwirklicht werden sollten.

Die Zeit nahm Walt Disney den letzten Traum aus der Hand. Die Nachfolger schickten ihn in das Reich der unrealisierten, vielleicht auch unrealisierbaren Ideen zurück. Aus Disneys geplanter avantgardistischer Modellstadt wurde ein weiterer riesiger Vergnügungspark, ein Wunderland der Computer. Er zeigt die heile Welt von gestern und heute im riesigen, silberglänzenden Raumschiff Erde und die heile Welt von morgen in Future World.

Sanft schippern Boote über eine künstliche Lagune an der nachgebauten Künstlichkeit von elf Ländern vorüber. Eine Wolke von blauäugigem Optimismus schwebt über diesem kleinen Welttheater. Nacht für Nacht geht ein Laserfeuerwerk darüber hin und färbt den Himmel Floridas grell und schmerzend in Schockfarben ein. Sehnsucht stellt sich ein, aus dieser sterilen, geplanten, mit falschen Inspirationen gefüllten Traumfabrik in das nur wenig entfernte Disney World zu fahren, wo Micky Mouse und Donald Duck im Magic Kingdom regieren und vor Cinderella Castle paradieren. Wo leichtfüßige Kindersehnsüchte in märchenhaften Schuhen gehen und die fröhlichen Kleinen mit großen Augen nur Entzücken empfinden.

Real und nicht theatralisch ist die Kulisse des Kennedy Space Center auf Cape Canaveral. Hier begann, nach dem Schock über die Erfolge der Sowjets, die amerikanische Eroberung des Weltalls. Nachts spielt das Mondlicht auf dem Ausstellungsgelände mit den ausgemusterten Trägerraketen, die wie moderne Obelisken schwarz vor einem fahlen Himmel stehen. Sie haben ihre Aufgabe und ihre Chance gehabt. Nun sind sie müde und veraltet.

Wenige Meilen entfernt, auf Merritt Island, wurde APOLLO 11 gestartet. Die abenteuerliche Reise ging zum Mond. Am 20. Juli 1969 konnte Neil Armstrong, als er seinen Fuß auf den Mondstaub setzte, mit stolzgeschwellter Brust sagen: »Dies ist ein kleiner Schritt für einen Mann, aber ein großer Sprung vorwärts für die Menschheit.«

Der Mond hat das Abenteuer seiner handgreiflichen Entdeckung unbeschädigt überstanden. Der Mensch hatte genug von ihm und seiner nah besehenen Unwirtlichkeit. Nun darf er wieder aus der Ferne mit seinem Silberlicht Floridas Küste romantisch verzaubern. Er darf sein Licht auch über Palm Beach ausschütten, wo alles ein bißchen vornehmer ist als anderswo.

Palm Beach, durch einen Wasserstreifen vom Festland getrennt, ist ein Mekka der Reichen, die vor den kalten Wintern Neuenglands hierher geflüchtet sind. Polo heißt ihr Sport, der Rasen ist britisch, die Palmen stehen wie grüne Schirme über dem noblen Beige der lichtfarbenen Palazzi, deren Gärten so leidenschaftlich blühen. Makellose Yachten gleiten sehr weiß und sehr würdevoll durch das Wasser.

Doch bald geht das Weiß in jenes heißgeliebte Flamingorosa über, das zur Farbe Floridas wurde. Das nahe Boca Raton ist eine spanisch inspirierte, pink getuschte Hotelstadt, eine Stadt wie ein Hochzeitskuchen. Die schönste Straße nach Süden führt über die vorgelagerte Inselkette.

▷ **Orlando/Disney World, Magic Kingdom**

Fort Lauderdale, von Kanälen durchzogen, ist einen Besuch wert, nach Miami Beach fährt der große Strom der Reisenden. Die Hotels stehen hier Pool an Pool, dicht gedrängt, artig, als warteten sie in der Reihe, wie artige Amerikaner warten.
Jeder Quadratmeter Boden ist der Wildnis abgetrotzt. Die stolzen weißen Hochhäuser und die pink- und türkisfarbenen Art-deco-Häuser in South Miami Beach stehen über einstigen Sümpfen, über Schlangengruben, über den Brutplätzen der Moskitos. Der Sand ist nur aufgeschüttet. Carl Fisher, ein Mann mit Phantasie, Wagemut und kommerziellem Spürsinn, ließ Miami Beach aus dem spröden Nichts entstehen.
Jenseits der Biscaine Bay liegt Miami. Miami ist eine große, harte Stadt, ein hektisches Wirtschafts- und Bankenzentrum. Bald werden zwei Millionen Menschen hier wohnen, eine Mehrheit von hispanischen Zuwanderern, auf der Flucht vor Fidel Castro, vor nicaraguanischen Verhältnissen, vor mexikanischem Elend. Sie kamen aus Puerto Rico und Jamaica, aus Haiti und El Salvador, legal und illegal, weiß und schwarz, und machten Miami zur nördlichsten Metropole Südamerikas. Miami wurde ihre Stadt, im positiven wie im negativen Sinn, eine überhitzte Wegstrecke, die sie – auf der Suche nach dem amerikanischen Traum – gemeinsam und gegeneinander zurücklegen.
Es fällt nicht schwer, Miami landeinwärts zu verlassen. Florida City ist der Eingang zur seltsamen, amphibischen Welt der Everglades. *Pa-hay-okee* nannten die Seminolen-Indianer ihre instabile, bewegte Landschaft. Eigentlich ist sie ein Fluß aus Gras, der etwa hundert Kilometer breit, träge und unendlich langsam vom Lake Okeechobee meerwärts nach Süden fließt. In den trockenen Monaten von Dezember bis April stockt die Bewegung, der Winter ist eine Zeit der Beharrung. Das Land ruht sich aus, hält den Atem an und wartet auf die Rückkehr des Wassers. Tiere und Pflanzen haben sich an den Rhythmus von Nässe und Trockenheit längst gewöhnt. Mit dem ersten Frühjahrsguß pulsiert wieder das Leben im harten Riedgras, auf den dschungelartigen Mangroveninseln, in den Resten von Floridas Niederwäldern, in den Zypressensümpfen. Schildkröten sonnen sich, Alligatoren dösen im Wurzelwerk abgestorbener Bäume, die letzten scheuen Floridapanther schleichen ungesehen im Dickicht. Wolkenweise fallen die Vögel, wie sie John James Audubon in Key West gemalt hat, auf den Wasserflächen der Teiche ein. Heilige Ibisse und Reiher, Schlangenhalsvögel und rote Löffler erfüllen mit ihrem Flügelschlag und ihrem Kreischen die Luft.
Verschiedene *Trails* (Pfade) gehen von der Autostraße ab und dringen tief in die stille, weite Ebene ein. Kanurouten führen einsame Wasserwege entlang und auf dem Wilderness Waterway durch die zerrissenen Küstenzonen des Parks.
Es gibt tausend Möglichkeiten, die subtropische Wildnis im »Fluß aus Gras« zu erkunden. Am schönsten fand ich die Ten Thousand Islands Tour durch ein Gewirr von Wasserwegen am Golf von Mexiko. Niemand kennt die exakte Zahl der Inseln. Sie reißen sich los, oft Graspolster nur, die an den verästelten Wurzeln der Mangroven verlanden. Sie trotzen dem Wasser und beeilen sich, in seinem Ansturm immer neue Inseln zu gebären.
Man schlüpft zurück in eine Zeit vor Ponce de León, und nur die Indianer, die vor langer, langer Zeit Inseln aus Muschelschalen aufgeschüttet haben, sind nicht mehr da. Tümmler schnellen jedoch aus dem Wasser, die bullige Rundschwanzseekuh läßt sich zuweilen blicken, seltene Reiherarten, Pelikane und Kormorane gleiten majestätisch vorüber. Manche Grasinseln blühen, und die Gischt des anrollenden Meeres fällt wie Flocken auf die Blüten.

▷ **Cape Canaveral/Rocket Garden**
Ausgediente Raketen im John F. Kennedy Space Center. Sie trugen einst Amerikas Stolz in den Weltraum, heute sind die Raumschiffe der NASA längst Museumsstücke.

Über Everglades City und Naples findet man Anschluß an die Golfküste Floridas. Sie ist stiller, die sanften Wellen des Golfes bespülen Kleinode wie Sanibel und Gasparilla Island, über feinen, weißen Stränden geht abends die Sonne in einem Feuermeer unter.

Irgendwann kehrt man nach Miami zurück und fährt nach Süden, den Overseas Highway über die Inselkette der Keys, die wie weltferne, vergessene Trittsteine in der Florida Bay liegen. Die Straße, die einer alten, ehrgeizigen, von einem Hurrikan zerstörten Eisenbahnlinie folgt, scheint mitten hinein in die Karibische See zu führen. 42 Brücken machen die Inselreise unter der Lichtglocke eines gleißenden Himmels möglich. Ein Glücksgefühl des Schwebens stellt sich ein, doch wenn auch nur der erste Atemzug eines Sturms die Brücken erreicht, wenn das Wasser grau und böse aufschäumt, mit weißen Kronen wie mit Schneebällen nach dem Reisenden wirft, ist man für die festen Mauern von Key West dankbar.

Bilder, die nie verlöschen: Pelikane mit ihren sanften Schwingen, üppig blühende Gardenien, Bougainvilleen in rieselnden, lilafarbenen Kaskaden und dunkle Palmwedel über schneeweißen Holzhäusern in einem Mischstil von Neuengland- und Kolonialarchitektur. Über allem ein Geruch von Fischen, von Shrimps, die nachts in der warmen See gefangen werden.

Ernest Hemingway hat hier ein gutes Jahrzehnt im Haus seiner Frau Pauline zugebracht, gedacht, geschrieben und in Sloppy Joe's kleiner, schäbiger Bar die langen lauen Abende totgetrunken. Nun ist das Haus an der Whitehead Street ein Museum. Key West hat den bärtigen Haudegen vereinnahmt und verkauft scheibchenweise verkitschte Erinnerungen. Einsame ältere Pseudofischer stehen beim erwachenden Tag auf den Ufersteinen und blicken aufs Meer. Sie vergaßen zu lesen, wie Papa Hemingways alter Mann seine Fische fing. Doch das hat der Nobelpreisträger ohnedies in Kuba erdacht. Auf Key West schrieb er wenig vom Meer und viel vom Schnee auf dem Kilimandscharo und von den grünen Hügeln Afrikas. Landschaften beschrieb er, so weit entfernt, daß sie nicht einmal die ziehenden Wolken erreichen konnten.

Über Key West gingen die Jahre dahin wie immerwährende Stürme. Jedes Jahr blätterte ein bißchen mehr von der weißen Farbe der Häuser, der Zäune, der Boote ab. Die Zeit nahm den Reichtum der *Conchs* fort, jener Plünderer gestrandeter Schiffe, die sich nach der schönen Schnecke mit der harten Schale, dem Symboltier der Insel, nannten. Es gibt viel Nachlässigkeit, viel Verfall, viel Geschrei in der Duval Street, viel Freiheit, viele Gaukler, allzu viele Nonkonformisten. Zuweilen muß man trotzig die Augen schließen, um diese letzte, in die Tropen ragende Bastion der USA zu lieben.

Doch nachts in der Hängematte, unter Palmen wie Scherenschnitten, beschert Key West wieder den erhofften Zauber: weiche, zärtliche Luft, Singsang aus dem blättrigen Geäst blühender Gartenlauben. Der Lichtfinger des Leuchtturms zeichnet Himmelskreise. Ein Sternenregen geht über die Fischerboote hin. Der Mond hat Feuerfarben angelegt. Key West betrügt den Tag mit der Nacht.

▷ **Miami Beach/Art-deco-Bar bei Nacht**
Zarte Pastellfarben, erneuert und aufgefrischt, rücken die tropische Art-deco-Architektur Old Miamis wieder ins Blickfeld.

▽ **Alligator in den Everglades**
Eine Begegnung der unheimlichen Art in den Everglades, einer Welt aus Wasser, Gras und Himmel.

▷ **An der Westküste Floridas**
Der Küstensaum am Golf von Mexiko ist zerrissen, in Tausende Inseln aufgesplittert. So viele Palmen stehen mit nassen Füßen im Sumpf.

▽ **Key West/Hemingway-Haus**
Die Villa im Palmenschatten ist ein Museum voll verblichener Fotos. Zwölf Jahre lebte, dachte, erschrieb hier Ernest Hemingway den Nobelpreis.

▷ **Orlando/Golfplatz**
Golfer fühlen sich in einer der elegantesten Hotelanlagen, die der berühmte Jack Niklaus erbaut hat, wie im Paradies.

Im einstigen Reich der Bisons: Great Plains

Seit undenklichen Zeiten weht der Wind über den Michigansee, den meerweiten, salzlosen See, der hundert Kilometer lang den gebauten Gigantismus der Stadt Chicago und ihrer Trabantensiedlungen säumt. Der See ist der Widerpart der Metropole, ihr Freund und zuweilen ihr Feind. An seinem Ufer kommt die rastlos wachsende, die dynamische, die turbulente Weltstadt abrupt zum Stillstand. Enge brandet an Weite, die große, verbaute Stadt an eine blaugrün gewellte Leere.

Man müßte blind sein, um nicht zu sehen, wie gerne diese Versammlung der stolz errichteten Vertikalen über den weit ausladenden Navy Pier quellen möchte, um sich eine neue Dimension zu erschließen. Schon wieder eine neue. Chicago hat 1884 den Wolkenkratzer in Stahlbauweise erfunden, es hatte 1974 den höchsten der Welt gebaut, und wenn das Morgenlicht im kleinen Winkel über den See her einfällt, entzündet es die Skyline als freundliches Gebirge in warmem Rosa.

Doch die Stadt liebt ihren See. Sie hat ihre schönsten Wolkenkratzer an sein Ufer gestellt. Ihre prächtigsten Parks säumen ihn. An Küstenalleen wohnt Luxus. Die Segelyachten haben ihren Platz an der Sonne. Das Grüne klingt harmonisch im Pastellblau aus.

Und die achtzig ethnischen Minderheiten können wenigstens ihre Träume mit den Ozeanriesen und den Containerschiffen über den Sankt-Lorenz-Seeweg in die Ferne und weit über die Meere in ihre Heimat schicken.

Doch die Stadt haßt auch ihren See, wenn der Winterwind ungehindert und frei über die böse rollende Wasserfläche weht und eisiger Sturmregen die *Skyscraper* peitscht. Wenn graue Wolkenballen fast auf dem Wasser schleifen und Kaltlufteinbrüche die Temperaturen unter dreißig Grad minus senken. Wenn sich die Straßen mit krustigem Eis überziehen und die in Kälte gehüllte Stadt alle Fröhlichkeit vertreibt und die Menschen mißvergnügt und reizbar macht.

Ehe Fort Dearborn im Sumpf, auf dem später Chicago entstand, vor beinahe 200 Jahren errichtet wurde, jagten Indianer in Ruhe und Frieden am Chicago River. *Chee-caw-go* nach dem herben Geruch der Stinktiere und der wilden Zwiebel nannten sie den Platz, und diesen Namen schrieb man ein wenig abgewandelt auch auf die ersten flüchtigen Landkarten. Für Eigenständigkeit und Phantasie war keine Zeit.

Nach der Eröffnung der ersten Eisenbahnlinie im Jahre 1852 wuchs die Stadt mit geisterhafter Geschwindigkeit, brannte ab und wuchs wieder, schneller, größer, höher, gedrängt und getrieben. Sie überrannte das sumpfige Land am Seeufer bis weit in die Prärie hinaus.

Menschen aus aller Welt kamen an, die Stadt sog sie auf, sie war eigensüchtig und baute sich in einer Symbiose zwischen Chicago School of Architecture, Frank Lloyd Wright und deutschem Bauhaus mit Ludwig Mies van der Rohe immer weiter in den Himmel.

Nachfolger erdachten moderne Bienenwaben im Hochhausformat wie die Marina City, sie bauten Muster aus Stahl am John Hancock Center, sie stockten den Sears Tower 443 Meter in die Höhe. Er überragt die Türme des New Yorker World Trade Center, dem Stolz und der Rekordsucht wurde somit längst Genüge getan.

Wenn es der Himmel zuläßt, an klaren Tagen und in hellen Nächten, ist der Blick von der Aussichtsterrasse im 103. Stockwerk des Sears Tower atemberaubend: Die Silhouette von Chicago im wechselnden Licht, die blaue Fläche des Sees, die turmhohen Häuser im *Loop*, in der Schlinge, die den Kern der Innenstadt einfängt, die Menschen und Autos wie

▷ **Chicago/Im Zentrum**

kleine, dunkle, bewegliche Punkte. Punkte, die sich abends zur Massenflucht sammeln, bis die Straßen im Zentrum leergewischt sind und die Häuser wie auf Faltbilderbogen nur mehr im bunten Licht der Reklamen zucken.

Man sieht auf eine Metropolitan Area herab, in der acht Millionen Menschen leben. Man sieht auf Viertel, in denen die Welt von Europa, von Afrika, von Südamerika, von China vertreten ist, und man ahnt im Dunst die heruntergekommenen Massenquartiere, die aschgrauen Häuser, die ausgeschwärzten Fassaden ohne Körper, die an den Rändern zerfranste, in sich tausendfach widersprüchliche Stadt.

Am Loop stehen vier Generationen von Wolkenkratzern nebeneinander wie die Zeugenberge des Grand Canyon. Man wandert durch ein Bilderbuch der Baustile, und die Accessoires sind so romantisch wie die altmodische Bahnhofsuhr im Bankenviertel und so modern wie Picassos Plastik vor dem Civic Center. Durch die State Street schlendern, den Luxus von North Michigan Avenue in der Magnificent Mile genießen, die Bankpaläste der La Salle Street ausspähen, das Board of Trade Building entdecken, das im Dachfirst Ceres, die römische Göttin der Feldfrucht und des Wachstums, verherrlicht: Spätestens hier wird klar, daß die Erfolgsgeschichte dieser Stadt sich aus dem Geschick ableiten läßt, mit dem sie Produkte in alle nur erdenklichen Waren und die Waren in Werte umwandelt.

Nein, Chicago ist nicht mehr die Stadt der unendlichen Schlachthöfe und die bedrohte Stadt Al Capones, auch nicht mehr die Stadt, die uns Upton Sinclair in seinem Buch *Der Sumpf* geschildert hat. Die Schlachthöfe sind den sauberen, unblutigen Warentermingeschäften gewichen, die das Rindvieh in nobler Distanz, nahe den Weiden, ums Leben bringen, und die erschreckende Kriminalität hat andere, wenn auch nicht subtilere Formen entwickelt.

Chicago ist das gebaute Abenteuer, das nach New York größte Handelszentrum der USA, es besitzt den bedeutendsten Binnenhafen der Welt, die meisten Eisenbahnlinien kreuzen, die meisten Jets landen hier, es ist die am stärksten frequentierte Metropole Amerikas.

Weit gräbt sie ihre Vororte in den Boden von Illinois, weit streckt sie ihre industriellen Fühler bis zum Mississippi aus, ehe die Mais- und Sojabohnenfelder die beruhigte Landschaft des Mittleren Westens einleiten.

Der *Corn Belt* (»Weizengürtel«) im Mississippi-Missouri-Becken ist eintönig, nur aus den Farben der Felder und des Himmels gemalt. Zuweilen sanft und einschläfernd, voll von Kleinstadtgefühlen und Zufriedensein, voll Puritanismus und Konservatismus. Doch wenn die arktische Kaltluft aus dem Norden auf die warme Luft aus dem Golf von Mexiko trifft, wird der Himmel zu einem dramatischen Spektakel jagender Wolken und zuckender Blitze, und der Tag hüllt sich minutenschnell in düstere Nachtschwärze ein.

Die Städte Iowas, Davenport, Cedar Rapids, Waterloo, Fort Dodge und Sioux City, führen vom Mississippi zum Missouri und über Sioux Falls weiter nach South Dakota.

Die rollenden Hügel waren einst das Reich der Bisons, deren amerikanischer Name *Buffalo* sie fälschlich in Büffel verwandelte. Doch die Rinder mit den kleinen, starken Hörnern, mit dem gewaltigen Vorderkörper und dem weichen, langen Kopfhaar zählen Zoologen zur Art *Bison bison*. Fünfzig bis sechzig Millionen der schwarzlockigen Schwergewichte, vielleicht mehr, niemand hat sie gezählt, färbten einst die *Plains* (Ebenen) dunkel und traten Staubwirbel aus dem trockenen Boden los, wenn Panik sie in die Flucht trieb.

▷ **Getreidespeicher im Corn Belt (»Weizengürtel«) von Missouri**

Aus ihrer Heimat Ostasien kamen die Urtiere im Pleistozän über eine Landbrücke zwischen Sibirien und Alaska in die Neue Welt. Zunächst muß sie ihnen wohl als Paradies erschienen sein, und so nahmen sie den Kontinent von Alaska bis Texas, von den Rockies bis zum Rio Grande unter ihre donnernden Hufe. Prärieindianer ergänzten zwar die selbstangebaute Nahrung durch Bisonfleisch, formten ihre kegelförmigen Tipis aus bemalten Bisonhäuten, gewannen aus den Knochen der Tiere Medizin, doch sie jagten zu Fuß, oft zur Tarnung in Wolfsfelle gehüllt, und ihre Beute, gemessen an den Beständen, war gering.
Das »Geschenk des großen Manitu« schien als Symbol des Lebens unerschöpflich, bis die Pferde der Spanier aus dem Süden und die Gewehre der englischen und französischen Händler aus dem Norden in Indianerhänden zusammenfanden. Nun legten die Prärienomaden Vorräte an, Bisonfleisch wurde getrocknet, zu Pulver zerrieben, mit heißem Fett und Honig vermischt und mit wilden Kräutern und Beeren gewürzt.
Die unendlich großen Herden haben auch diesen Aderlaß ohne weiteres überlebt. Den Todesstoß durch den weißen Mann verkrafteten sie nicht mehr. Im Laufe von wenigen Jahrzehnten waren die Prärien leer geschossen. Siedler, Soldaten, Eisenbahnbauer, Jäger: Nahrungssuche, Jagdtrieb, Spaß, Sport, Politik, Strategie, Töten um des Tötens willen, selbst aus Eisenbahnzügen machte man Jagd auf die furchtlosen Tiere. Buffalo Bill, eigentlich William Frederick Cody, der alleine viertausend Buffalos erlegte, wurde zum Helden des Wilden Westens und ist es in gedankenloser Fehleinschätzung bis heute geblieben.
Die mächtigen Urtiere hatten Tausende von Jahren in Frieden gegrast, nun blieb ihnen keine Zeit mehr, um sich auf ihren Todfeind einzustellen. Es war zu spät, das Ende kam zu schnell. Angetrieben von Generälen wie Phil Sheridan, die wußten, daß die Ausrottung der Bisons den Untergang der Indianer beschleunigen würde.
Die letzten Bisonherden, die es noch gibt, sind klein und verstreut, sie leben in Parks und Ranches, sie haben Besitzer, die sie unter das Brenneisen treiben und zu begehrten Steaks verarbeiten. Das ist kein gutes und kein würdiges Ende für die majestätischen Bewohner der Prärien.
Die Straße von Sioux Falls nach Rapid City verläuft im Nirgendwo von South Dakota. Man muß Nebenwege fahren, Geschichte unbeschönigt denken, wie sie sich wirklich im Lande der Sioux ereignet hat, wo Sitting Bull und Crazy Horse, wo Big Foot und Standing Bear mit ihren Stämmen lebten.
Vor zwanzigtausend Jahren waren ihre Ahnen über eine schmale Landbrücke in der Beringsee in das jungfräuliche Land gekommen. Sie besiedelten es bedächtig, in Harmonie mit der Natur, im Glauben an beseelte Tiere und Pflanzen, in der tiefen Überzeugung, daß man weder Boden noch Luft je in Besitz nehmen könnte.
Darin haben sie sich gründlich geirrt, und ihre Geister, mit denen sie über Salbeibüschel in Verbindung traten, haben ihnen die traurige Zukunft nicht enthüllt. Die Indianer hatten gegen die Invasion der weißen Siedler und Soldaten nie eine echte Chance, auch wenn sie ihre Jagdgründe wild und mutig, listig und grausam verteidigten.
Die organisierten Kriege der Habgier, die Arroganz der effizientesten Landräuber, die es je gab, das Fehlen von moralischen Anfechtungen bei einer Nation, die sich mit Gott im Bunde wußte, mußten dieses Ende nehmen. Vor dem kontinentalen Raubzug lebten etwa acht Millionen Indianer auf dem Gebiet der heutigen Vereinigten Staaten, danach waren es nur mehr 360 000.
Das über drei Jahrhunderte fortgeschriebene Drama ließ ein zerstör-

▷ **Badlands/1880 Town**
Filmemacher entdeckten das einsame Sioux-Land, wo Dickhornschafe und Gabelantilopen leben, als Kulisse für den Klassiker Der mit dem Wolf tanzt.

tes, in Reservaten vegetierendes Volk zurück. In den Reservationen Rosebud und Pine Ridge, in den ärmsten Counties der Vereinigten Staaten, leben drei Fünftel der überlebenden Sioux ein armseliges Leben in innerer Emigration und wegloser Trauer. »Wir brauchen nur die Hand zu schließen, um sie zu zerbrechen...«, hatte noch Thomas Jefferson, der dritte Präsident der USA, formuliert. Er war ein exzellenter Redner, und er sollte recht behalten: Die Hand, die sich schloß, trug ein Gewehr, ein durch Gewalt und Betrug gebrochenes, verwirrtes Volk blieb zurück. Wie ihr Name sagt, sind die Badlands, die sich wie eine hundert Meilen lange Sperrmauer in den Weg nach Sonnenuntergang stellen, eine harte, kompromißlose Landschaft. Wind und Regen haben hier das Steppenplateau zerfurcht und wie Bildhauer eine theatralische, weißliche Mondlandschaft aus allen nur erdenklichen Felsformen geschaffen. Weggefegt sind Krume und Schale, die Erde liegt wund und bloß, man sieht in das Innere und kann ihre vielfarbigen Schichten befühlen. Wenn man den Zeigefinger kreisen läßt, kreist er über Millionen von Jahren. Fossilien erzählen Geschichten von einer Fauna, die einmal war, wild und seltsam, von Kamelen und Säbelzahntigern, von Mammuts und dreizehigen Pferden, die in vulkanischem Feuer und Staub untergingen.

Fast 500 Quadratkilometer Nationalpark speichern im Sommer die Hitze, sie verglühen unter der Sonne, die das grüne Tal des pappelgesäumten White River nur zaghaft erreicht. Als die Sonne ihr »flüssiges Feuer« über den Stronghold Table ausgoß, ergaben sich auch die Sioux, am Ende aller Kriege, dem neuen messianischen Geistertanzkult, der von den Paiute-Stämmen in Nevada ausgegangen war und wie ein Steppenbrand auf die östlich gelegenen Reservate übergegriffen hatte.

Die in weiße Tücher gehüllten Indianer tanzten sich ekstatisch in ein besseres Leben. In Trance sahen sie das Paradies, in dem es keinen weißen Mann mehr gab, die Bisons zurückgekehrt waren, die Gabelantilopen und die Hirsche wieder friedlich in den Flußtälern der Badlands grasten. Welche Kraft sie doch haben mußten, um noch so träumen zu können!

Doch die Flucht der Indianer in eine irreale Welt, in eine Religion, die im Land der Freien, die sich wenig um die Freiheit anderer scherten, verboten war, endete 1890 im geschichtsbekannten Massaker der Armee am Wounded Knee Creek. An dem seit damals bedeutungsschweren Ort wurde, wie Dee Brown im Buch *Bury my heart at Wounded Knee* schreibt, das Herz des großen, heimtückisch ermordeten Sioux-Häuptlings Crazy Horse heimlich beigesetzt.

Der Weg zum Stronghold Table ist für Mensch und Auto mühsam. Die Karten sind nicht gut, die Wege verlieren sich, hartes Gras überwuchert sie, man fährt allzu leicht in die Irre. Klapperschlangen bewachen nun den heiligen Platz, an dem sich die Sioux für wenige Stunden in eine bessere Welt tanzten.

Auch die Black Hills weiter westlich, die Berge, schwarz von Wäldern, aufgewühlt von Goldgräbern, sind den Sioux und Cheyenne heilig. Auf dem Gipfel des schlafenden Bären, den man heute Bear Butte nennt, empfing der Schamane Sweet Medicine die heiligen vier Pfeile vom Großen Geist. Die vier Pfeile sollen die Tabus der Cheyenne-Religion symbolisieren: Mord, Diebstahl, Ehebruch, Inzest.

Doch das neue Amerika hat längst die Spuren seines Triumphs offensiv in die Black Hills gegraben. Aus dem Granit des Mount Rushmore wurden die zwanzig Meter hohen Köpfe der Präsidenten George Washington, Thomas Jefferson, Abraham Lincoln und Theodore Roosevelt gemeißelt. Weit blicken sie über das Land, provozierend in ihrer vierfachen Präsenz, ernst und säuerlich, mit zusammengepreßten Lippen, Väter der Nation, die sich für die Ureinwohner als Rabenväter erwiesen. »Ein Land, das seine Vergangenheit vergißt, hat keine Zukunft«, heißt es auf einer Tafel. Wie wahr, wie zynisch, wie ganz und gar fehl an diesem Platz.

Doch mit gemischten Gefühlen betrachten die Touristen ein neues Monument. Häuptling Crazy Horse wurde im Auftrag der Indianer aus dem Thunderbird Mountain in den Black Hills geschlagen. Auf seinem sich aufbäumenden Pferd reitet er, beinahe 190 Meter hoch, größer als die größte Skulptur der Welt, gegen Osten. »Mein Land ist dort, wo meine Toten liegen«, so lautet die Inschrift.

Das Land zwischen Black Hills und Bighorn Mountains ist einsam. In der Viehstadt Sheridan träumen die Cowboys in Flanellhemd, Jeans und tief in das Gesicht gezogenen Hüten noch immer davon, wie Buffalo Bill zu sein, der unweit, im Bergstädtchen Cody, das seinen Namen trägt, so viel unverdiente Ehrung erfährt. Westwärts über Cody und Wapiti gelangt man durch die Berge der Absaroka Range zum Osteingang des Yellowstone Parks. *Leave nothing but footprints* (Laß nur Fußabdrücke zurück): Von den vorausblickenden

Kongreßherren, die 1872 für den Naturschutz des Yellowstone-Gebietes votierten, hatte keiner je das kühle, hohe, bergumgebene Plateau in der Grenzlandschaft von Wyoming gesehen.

General Henry Washburn sprang nach der Erkundung des Gebietes über seinen kriegerischen Schatten und bat für die weiträumigen Wälder und die herben Canyons weit im Westen, für die gewaltigen Geysire und die blubbernden Schlammtöpfe, für die Seen und Wasserfälle, für die Grizzlybären und Elche um Schutz vor den Menschen. Der Schutz für ein Terrain von beinahe 9 000 Quadratkilometern wurde gewährt. Amerikaner fahren über den 228 Kilometer langen Rundkurs der Grand Loop Road, die in Form einer riesigen Acht das Zentrum des Nationalparks erschließt, noch immer wie durch ein unentdecktes wildes Land, in dem die Grizzlybären Vorrang haben. Sie balancieren auf Bretterwegen um kochende Wassertümpel und fühlen die Weltzeituhr ticken. Yellowstone National Park ist ein Kind der explosiven, gewalttätigen, zerstörerischen Erde, die hier in Jahrmillionen nicht müde wurde, ihre Kraft und ihren Zorn exzessiv zu zeigen. Im Becken der Geysire sprudelt kochendes Wasser hoch in die Luft. Old Faithful läßt mit schöner Regelmäßigkeit, in beinahe stündlichen Eruptionen, bis zu 80 000 Liter dampfendes Naß etwa sechzig Meter in die Höhe steigen.

Die Erde im Park ist grausam und böse. In ihrem Schwefelhauch erstarben die Wälder am Specimen Ridge und versteinerten unter 27 Schichten vulkanischer Asche. Unter dem Ansturm ihres kochenden Wassers verkümmerte der Boden. Ihr giftiger Atem ließ weite Wiesen in gelbbraunen Schwefelfeldern erstarren. Im Kessel des Fountain Paint Pot blubbert heißer, blutfarbener Schlamm, Blasen formend, anschwellend, mit dumpfem Getöse zerplatzend.

Über kochenden Wassertümpeln jagen die Nebel und umwallen die Schlünde, aus denen bizarrfarbiges Wasser fließt. Es dampft und zischt und blubbert und schwefelt allerorten. Die Erde brüllt in den Roaring Mountains mit heiserer Stimme, als brüllte sie vor Qual.

Als im Sommer 1988 große Teile des Parks brannten, gingen Befürchtungen rund um die Welt. Wie drastisch würde sich Yellowstone verändern? Würde eine düstere, leblose Mondlandschaft entstehen, noch immer grandios, doch bedrückend und ohne Tiere? Ohne Wapitis, Bisons, Bären, Elche, ohne Gabelantilopen, Coyoten, Pumas und Biber? Mit trüben Gedanken fuhr man ein Jahr nach der Katastrophe hin und erlebte ein Wunder.

Die schwarze Erde war wieder mit Millionen Gebirgsblumen übersät. Das Gras ist frisch und grün. Die Tiere sind zurückgekehrt. Zwischen verkohlten Baumresten sprießen zarte neue Bäume. Der Wald hat sich verjüngt, und die Natur hat die Kleingläubigen bekehrt und überlistet. Die Katastrophe wurde zum Lehrstück der Selbsthilfe, erstaunlich und wegweisend. Nie zuvor wurde der Park mehr geliebt als jetzt, wo er ohne menschliches Zutun aus seiner Agonie in frischen, kräftigen Farben neu erwachte.

Der Yellowstone ist ein Kunststück des Himmelsgärtners. Daß er mit unendlich vielen Hinweistafeln, mit Autobussen, Ausflugsschiffen auf dem Lake Yellowstone, mit Hotels und Hütten in eine Art Naturlehrpfad verwandelt wurde, ist ein wenig schade.

Stiller, geborgener im Schoß der Erde, fühlt man sich im weiter südlich gelegenen Grand Teton National Park. Steil ragen die Gipfel der Teton Mountains aus Wildblumenwiesen auf, in denen die gelben Sterne des Pfeilkrautbalsams in dicken Büscheln stehen, aus Espenhainen, in denen sich Hirsche und Antilopen tummeln. Mit ihren Füßen stehen die hohen, gewaltigen Spitzen aus leuchtendem Granit über schimmernden Gletschern, in glasklaren Seen, am Ufer des fischreichen Snake River, am Rande der breiten, mit Beifuß bedeckten Hochebene von Jackson Hole.

Teton Park Road erschließt Berge, die den Alpen ähneln. Autokolonnen schieben sich vorbei, oft im Nebel, wenn die Berge darüber ihre greisen Felsflächen schon einem glühenden Frühlicht entgegenstrecken.

Ich empfehle, den Nationalpark zu Fuß zu erkunden. Dem Wanderer blühen immer neue, immer leuchtendere Bilder auf, und wenn ich ein Ziel nennen sollte, wäre es der Weg durch Cascade Canyon zum Lake Solitude. Der See liegt wie in einer Felsenfestung. Der Schutt der Berge säumt ihn, zwischen Stein und Stein blühen winzige zinnoberrote und flammend gelbe Blumen.

Was das Licht vermag, zeigt es auf der aus der letzten Eiszeit zurückgebliebenen Seefläche. Es ist ein unaufhörlicher Wandel über alle Stunden des Tages hin. Von Pastelltönen zum tiefblauen Spiegel, in dem sich die Felsen bis weit hinein in den Sommer mit ihren Schneeflecken spiegeln, verfärbt es sich zu einem tiefen, geheimnisvollen Violett. Wer hier wandert, dem wird diese Landschaft als Geschenk der Natur im Gedächtnis bleiben.

▽ **Mount Rushmore in den Black Hills**
Vier große amerikanische Präsidenten blicken ernst, aber auch gütig über die Weiten von South Dakota.

▷ **Badlands National Monument**
Die Erosionslandschaften im Bergland der Sioux sind nicht unbedingt schön, jedoch voller Dramatik.

◁ **Yellowstone National Park/ Mammoth Hot Springs**
Winterzauber im Yellowstone Park: Die Wasserfälle sind erstarrt, und die Terrassen haben sich in eine bizarre Landschaft aus Eis und Dampf verwandelt.

▽ **Yellowstone National Park/ Wapiti-Hirsch**
Das alte Tier genießt das letzte Tageslicht. Für die Wildbeobachtung eignet sich die Zeit kurz vor Sonnenuntergang am besten.

▽ **Yellowstone National Park/ Bisons**
Zweitausend Bisons leben frei im Park. Die schwerfälligen Gesellen sehen sanfter aus, als sie sind.

▷ **Cody/Denkmal von Buffalo Bill**
William Frederick Cody alias Buffalo Bill erlegte Indianer und 4 000 Bisons. Seine Stadt setzte ihm dafür ein Denkmal. Aus heutiger Sicht war der große Terminator allerdings kein Held.

Skulpturen der Schöpfung: Durch die Rocky Mountains ins Canyonland

Verwehte Spuren, Spuren von Planwagen, von Postkutschen, von Abenteurern zu Pferd und zu Fuß, von Viehdieben, Outlaws und Revolverhelden, von Gier und Hoffnung: Über ein Stück verlassene Prärie, wo die Hochebene der westlichen Great Plains an die Rocky Mountains brandet, brach um die Mitte des vorigen Jahrhunderts der Goldrausch herein. John Gregory entdeckte in den Bergen westlich von Denver die besten Goldadern Colorados. Er war in der Bergeinsamkeit fündig geworden, in einem abgelegenen Canyon, weit vom Irgendwo. Tausende, die alles stehen- und liegenließen, kamen nach, steckten im Virginia Canyon Claims ab, gruben Gänge, durchlöcherten Wände und Hügel und errichteten im Aufwind des Glücks Central City.

Das Glück stieg und fiel, Central City wurde reich und wieder arm, es zerbrach in schmerzlicher Agonie, und das stolz gebaute Opernhaus in der Bergeinsamkeit verstummte fürs erste. Die letzten Bewohner beleben nun in den wiederhergestellten Kulissen eine Art Disneywelt der Goldgräber. Schön aufgeräumt und gut beschildert, voll von Besuchern, im Grunde genommen jedoch tot. Denver aber, die Präriestadt im Vorfeld des Booms, außerhalb der harten, graubraunen Berge, wuchs wie eine Brücke zwischen den abgelegenen Minen in den weglosen Rockies und der weiten Welt. Colorados Hauptstadt hat ihre Chance schnell erkannt, sie ist nicht auf Mythen, sondern auf Nuggets und Silber und Optimismus gebaut.

In einer großen, rührenden Geste sammelten die *Digger* (Goldgräber) von Crescent City zweihundert Unzen Gold, damit die Kuppel des State Capitols weit über den Staat hin glänze. Die Kuppel hat Symbolkraft: Unter dem goldenen Hut brach die Stadt Rekorde an Wachstum und Investitionen, an Fortschritt und Zuversicht, an Visionen und Illusionen. Kohle, Petroleum und Uran sind die neuen Quellen des Reichtums, und all die Ressourcen liegen zum Greifen nahe.

Vom Balkon des State Capitols aus sieht man die *Front Range* der Felsenberge tief in geheimnisvolles Blau gehüllt. Man sieht eine Stadt, breit gefächert und grün durchwebt, die ihre Türme aus Stahl und Glas für eine Zukunft einrichtet, in der sie alle anderen Städte des Kontinents an Reichtum und Wichtigkeit überholt haben will.

Man blickt einer futuristischen Stadt ins Gesicht, in der das Jahr 2000 schon angebrochen ist – die Cowboystiefel hat sie deswegen jedoch noch nicht ausgezogen, die alten viktorianischen Villen sind sorgfältig renoviert, und das berühmteste Freudenhaus des Westens wurde in ein Museum umgewandelt. Man geht durch die Mall, durch den Kaufrausch der Massen, und die Rockies sehen ernst und distanziert und lockend auf das sonnige Einkaufsparadies herab, wie immer man den Kopf wendet.

Denver hat eine glückliche Lage, es liegt wie auf einem Sonnenteller. Das Hochgefühl ist spürbar, der Schwung verständlich. Immer gibt es etwas Neues zu vermarkten.

Auch um das im Süden gelegene Colorado Springs kreisen nur optimistische, kommerzielle Gedanken. Cheyenne Mountain und seine künstliche, atombombensichere Höhlenwelt, in der Amerika so penibel in den Weltraum lauscht und mit Verve den Krieg der Sterne vorbereitet, facht in Denver nur das Feuer des *Contract hunting* (Jagd nach Verträgen) an. Man ist den Urgewalten auf die Schliche gekommen, hat sie ertappt, man kann sie herstellen, nun will man sie auch abwehren. Denvers Tycoons treibt Hochmut. Selbst beim Einläuten der Apokalypse wären sie zu gerne die ersten.

Die Rocky Mountains ertragen die

◁ **Denver/Blick auf die Skyline**

Schändung durch Militärs, die Platzwahl für die Planspiele des Weltunterganges, mit der Weisheit von 130 Millionen Jahren. Sehnsuchtsland sind sie noch immer.

Trail Ridge Road führt von Estes Park über einen 3 300 Meter hohen Paß mitten hinein in die grandiose Hochgebirgswelt. Die Straße windet sich, sie folgt den Fußstapfen vorgeschichtlicher Jäger, und ihr schmaler Pfad geriet 10 000 Jahre lang nie in Vergessenheit. Nur die Bären gibt es nicht mehr, und auch die Wölfe sind ausgestorben.

Aber an blitzblauen Seen halten Dickhornschafe Siesta, Wapitihirsche grasen. Im Hidden Valley Creek ist die einsame Welt der Biber. Unter Weiden und Erlen haben sie emsig Dämme gebaut, das Wasser gestaut, kleine Teiche geschaffen, hier haben sie ihre einsamen Burgen angelegt, deren Kammern nur durch unter der Wasseroberfläche mündende Gänge erreichbar sind.

Die Straße schraubt sich weiter nach oben. Sie läßt den lichten Goldkiefernbestand hinter sich und führt durch die düsteren Wälder der subalpinen Zone. Die Sonnenstrahlen wirken hier wie Laser, einzeln dringen sie bis zum Waldboden durch und lassen so seltsame Blüten wie die purpurrote Elephantella gedeihen. Duftwellen schwingen von irgendwoher. Der Wind bringt sie mit, und ihm voraus eilt die Sonne nach Westen. Mit den steigenden Höhenmetern leiden die Bäume. Die letzten sind von eisigen Stürmen verkrüppelt, gebeugt und knorrig, verästelt und geschlagen kriechen sie am Boden und leiten in das Gebiet der Tundra über.

Die ungeschützte Graslandschaft zwischen Baumgrenze und ewigem Schnee hat die Last aus frostigen Wintern und bitterer Kälte, aus rasenden Orkanen und ungefilterter Sonne zu ertragen. Nur ein Dutzend Wochen lang sind die weiten Flächen schneefrei, doch trotzig bringen sie eine Fülle von kleinen, ungemein farbintensiv blühenden Pflanzen hervor: fuchsia- und karmesinrote Primeln, azurblaue Himmelsherolde, winzige Flammenblumen.

In einer abgeschiedenen Welt aus Tundra und bizarren Bergen liegt Milner Pass. Hier scheiden sich die Wasser der Vereinigten Staaten. Stille, kleine Bäche erst, Rinnsale, von der Schneeschmelze in den Rockies geboren, werden im Verlauf ihres langen Wegs zu mächtigen Strömen, sie fließen dem Atlantik oder dem Pazifik zu. Bald eröffnet sich ein atemberaubender Ausblick auf die Kette der Never Summer Mountains und das von Gletschern ausgeformte Kawuneeche Valley, das der junge Colorado River durchfließt. So weit und so hoch hinauf muß man fahren, um seinen Ursprung zu entdecken.

Rund 2 700 Kilometer weit führt sein Weg nach Südwesten, mäandernd fließt er an Felswänden entlang, weit mehr als die Hälfte der Strecke rauscht er in der Tiefe von Canyons, die er sich selbst gegraben hat. Das Stürmische ist ihm angeboren, schon nach dem ersten Sturz in die Landschaft gebärdet er sich heftig, schäumend springt er über Steinblöcke, weiße Gischt liegt wie eine Wattewolke über dem Wasser.

In vielen Windungen und Kehren gelangt man auf der vielleicht spektakulärsten Gebirgsstraße der Vereinigten Staaten zum Grand Lake und weiter am Rande des Arapaho National Forest über den 3 449 Meter hohen Berthoud Pass zu der nach Westen führenden Interstate 70 zurück.

Die Straße führt zum modernen Skiort Vail, dann folgt sie eine Weile dem Colorado. Bei Crescent Junction sollte man den Utah Highway Richtung Moab wählen. Arches Scenic Drive ist die Einübung in unglaublich faszinierende Landschaften, die nun

▷ **Rocky Mountains/Fall River im Herbst**

mit dem Colorado-Plateau folgen. Das Wasser der Ströme, des Colorado und seiner Nebenflüsse, grub die tiefen breiten Schluchten, die die Hochwüste kleinräumig machten und in Millionen Teile zerrissen. Sandstürme und Frost gestalteten wie Bildhauer eine Landschaft aus Zeugenbergen, aus Bogen und Türmen, Kuppeln und Nadeln.

Hoch über dem Colorado gelegen, bildet der Arches National Park den nördlichsten Teil des Canyonlandes in Utah. Hunderte von steinernen *Arches* (Bogen), wie gebrannt und ausgeglüht in den Farben tönerner Vasen, stehen vor einem tiefblauen Himmel.

Triumphbogen, die ins Nichts führen, durch die niemand schritt, die für niemanden gebaut wurden, die nichts als die Laune von Wind und Wetter und Jahrmillionen sind. Manche Bogen sind plump und kolossal, andere spannen sich zart wie fragile Brücken über die Dünen.

Die schönsten haben Namen. Spätnachmittags hebt sie die untergehende Sonne aus der Wüstenlandschaft, steckt sie in Brand und läßt die wenigen Kiefern in Dunkel und Schwärze hineinsinken.

Eine Panoramastraße führt durch das Herz der Landschaft. Doch viele Bogen muß man zu Fuß erwandern. Heiße, rauhe, schattenlose Pfade führen zu Delicate Arch und durch Devil's Garden, zu all den Bastionen einer unwirklichen, vormenschlichen Welt, ausgewaschen von der Brandung eines längst verschwundenen Meeres.

Moab ist eine Kleinstadt am Colorado River. Die Menschen leben von Gemüsefeldern, vom Uranbergbau und von Pottasche, doch die meisten leben vom Tourismus. Denn diese Landschaft, die so menschenfeindlich und leer und öde wirkt, ist wunderschön.

Dead Horse Point bei Moab: Nicht allein das Erlebnis der Fülle kennzeichnet die Sternstunden des Reisens, auch die Leere kann grandios sein. Von hier oben blickt man in die Vergangenheit der Erde.

Vor zehn Millionen Jahren rann nur ein Wasserfaden über das steinige Plateau zwischen den Rocky Mountains und dem Pazifik. Dann wurde aus dem Rinnsal ein Fluß, schließlich ein reißender Strom, und seine Wassermassen bissen sich mehr und mehr in den Stein, sie gruben sich Schicht um Schicht in die Tiefe, bis schließlich eineinhalb Milliarden Jahre der Erdgeschichte freigelegt waren.

Der Blick hinunter von Dead Horse Point auf die riesige Schleife des Colorado scheint beinahe unirdisch. Eine Symphonie in Braun, Grau und Dunkelviolett, Steine ohne Leben, eine verschorfte, aber nie geschlossene Wunde der Erde, die tief bis ins Präkambrium reicht, in die gerade durch Faltungen verfestigte Erde. Die Canyonwände erzählen dem, der sie zu lesen vermag, Geschichten von Vulkanen und Lava, von uralten Meeren, von Wüsten und Dünen, von Aufwölbung und Erosion. Der erste Eindruck ist gewaltig. Unverhüllt tritt alles sonst Verborgene aus der Tiefe.

Canyonlands National Park liegt im Süden von Moab. Über eine Felsbrücke, The Neck, gelangt man in das Hohe Tafelland, das Island in the Sky. Welch ein Gewirr von Sandstein, von Terrassen, von senkrecht stürzenden Wänden, von steinernen Säulen, die hundert Meter hoch aufrecht stehen. Von Steinbogen, die wie Mesa Arch unvergeßliche Einblicke in die Täler der mäandernden Flüsse gewähren.

Tief im Inneren des Canyonlands, das weithin ohne Weg und Steg ist, mündet beinahe im Verborgenen, im Schutz einer Schlucht, der Green River in den Colorado. Hier war Major John Wesley Powell, der tapfere, einarmige Veteran des Bürgerkrieges, 1869 mit neun Männern in

◁ **Arches National Park/Delicate Arch**

hölzernen Ruderbooten vorbeigekommen, um den Lauf des Colorado River zu erforschen.

Rundum ein Wirrwarr aus Landschaftsformen über den tief eingeschnittenen Erosionstälern, eine steinerne, wilde Welt von bedrängender Schönheit. Weiter im Süden bilden The Needles ein Netz von Canyons, die in Bögen und Mauern, in Sandsteintürmen und steinernen Festungen gipfeln.

Flußsedimente und Sanddünen haben sich in ihnen gemischt, sie sind rot und weiß geschichtet und sehen im Zwielicht aus wie Wolkenkratzerstädte, die aus zweifarbigen Backsteinen gebaut wurden.

Der Colorado strömt weiter nach Westen zum Lake Powell, wo sein Wasser und das des San Juan River, vom Glen-Canyon-Damm zum riesigen See aufgestaut, um Bergmassive flutet. In 17 Jahren war die Millionen Jahre lange Grabarbeit der Flüsse zunichte gemacht.

Ihr Wasser spült nun wieder um die zerrissenen Plateauränder, ihr Spiegel ist über die steilen Schürfwände hinweg angehoben worden, aber die Kunstlandschaft mit ihren 3 000 Kilometern Küstenlinie ist wunderschön.

Doch Umwege und Nebenstraßen sollte man hier fahren, südwärts über Monticello nach Bluff am San Juan River und weiter in die Navajo Indian Reservation.

Monument Valley, im Grenzgebiet von Arizona und Utah, ist das Kleinod der Navajo. Ihre schwermütigen Lieder erzählen von der Geburt des Universums, sie singen vom Vater Himmel, der Regen auf Mutter Erde fallen ließ. Doch im Tal der Monumente bringt der Regen offensichtlich nichts hervor als struppige Beifuß- und Wacholderbüsche. Es ist eine Trockenzone, der Wind wirbelt roten Sand, rot von Eisenoxyd, zu fliegenden Fahnen auf und wirft ihn auf das wenige dumpfe Grün.

Vor vielen Millionen Jahren ließen hier abflutende Meere gewaltige Sand- und Kalkablagerungen zurück, die sich zu riesigen, ebenen Felsmassen erhärteten. Vulkanismus und Erosion, Wind und in heftigen Gewittern niederprasselnde Wasserfluten betätigten sich als Baumeister und Bildhauer. Der Schliff der einzeln stehenden, jäh aufsteigenden Felsformen ist das Werk von Ewigkeiten.

Eine Ringstraße fädelt die Zeugenberge auf wie Perlen. Doch wer wollte in dieser Westerntraumlandschaft nicht reiten wie John Wayne, gleichsam fliegen mit dem Pferd, an fingerförmigen Felsen vorüber, die ihren brüchigen Schutt vor die eigenen Füße kippen. Hinter jeder Steinformation kommt einem eine neue Landschaft entgegen, aufregend und bizarr, still und einsam.

Aber es ist empfehlenswert, mit einem Navajo-Führer zu reiten. Blitzschnell kann die Landschaft vom unwirklichen Rotgold eines Sonnentages in das düstere Violett einer Gewitterstimmung hineingleiten, in Sekunden verwandeln sich angedeutete Pfade in rote Schlammspuren, in reißende Flüsse. Die Unwetter kommen wie ein Spuk und verschwinden wie ein Gespenst.

Nie fand ich Monument Valley schöner als in der Nachgewitterstimmung einer Vollmondnacht. Das Silberlicht vom blankgeputzten Himmel erhob die Zeugenberge in eine fast unwirkliche Dimension. Tiefer im Herzen der Landschaft kann man sich nicht fühlen.

Auch die roten Felsschluchten des Canyon de Chelly erkundet man am besten mit einem Ranger. Sehr kühl und sehr klar windet sich zur Zeit der Schneeschmelze der Rio de Chelly, der »Fluß der Felsen«, durch steilragende Wände. An der Talsohle, auf einem schmalen Streifen Schwemmland, gedeihen Mais, Bohnen, Kürbisse und ein wenig Obst.

Seit ungefähr 2 000 Jahren leben hier

▷ **Antelope Canyon bei Page (Arizona)**

Menschen. Fast ein Jahrtausend lang haben die Anasazi, die, »die vorher da waren«, in Klippenhäusern, in einer Art von Halbhöhlen, gewohnt. Sie ritzten Zeichnungen in die Sandsteinfelsen und ließen Gräber zurück.

Längst haben sie die Forscher in Fleißarbeit geplündert, die mumifizierten Körper wurden aus den Baumwolltüchern, den Umhüllungen aus Adlerfedern hervorgeholt und in die Museumshelle gezerrt. Später kamen die Navajo, und ihre berühmten Wandbilder zieren noch heute die Wände des Canyons del Muerto.

Vielleicht war der bescheidene, nur in kleiner Münze fruchtbare Canyon unter dem Spider Rock einmal ein kleines Paradies, eine Oase in der versteinerten Welt, eine Fluchtburg, fast wie eine Bergfestung. Lange fühlten sich die Navajo vor dem Zugriff der weißen Invasoren sicher. Colonel Kit Carson und seinen Mannen steht der traurige Ruhm des Sieges über die Canyonbewohner zu. 9000 Navajo mußten den langen Marsch in die Verbannung nach New Mexico antreten. Erst vier Jahre später wurden die Überlebenden wieder in ihr Stammland zurückgebracht. Ein für immer geschlagenes Volk erhielt seinen Canyon, aber nie mehr seine Würde zurück.

Jeder neue Tag gewährt hier eine neue Landschaft. Durch das Reservat der Hopi-Indianer, durch die Einöde ihrer Mesas, an den Maisfeldern der Tafelberge, an schwermütigen Dörfern vorüber gelangt man über den Little Colorado nach Grand Canyon Village.

Der große Augenblick, das Ziel so vieler Reisesehnsüchte, das großartigste Bauwerk des Colorado, ist erreicht. Doch Grand Canyon Village ist zu touristisch, zu anbiedernd. Yavapai Point ist mit Menschen überfüllt. So viele Füße, so viele Arme, so viele Kameras, so viel Geschiebe, so viel Lärm.

Die Temples, die die innere Landschaft des Grand Canyon bestimmen, verschwimmen im Dunst. Wolken werfen lange Schatten in das phantastisch zerrissene Plateau, in dem der Colorado River so tief unten fließt. Sein Gefälle gab dem Wasser Kraft, und die Zeit gab ihm Muße.

Der Colorado und seine Nebenflüsse bauten sich Schönheit durch Zerstörung, fast himmelhohe Ufer türmten sie sich auf. Sie bauten eine Welt im Negativen, eine Zauberwelt in Rotbraun, in Ocker, in warmem Gelb, in düsterem Violett, eine Welt für die Vogelperspektive.

Kleinflugzeuge und Hubschrauber umbrummen die steilen Wände wie Mücken. Der Einblick in die schartigen Abgründe der Canyons, in die offengelegten Erdzeitalter, ist bequem geworden, eine Fernschau im Sitzen. Doch der Wind sorgt dafür, daß die Einsichten nicht völlig unverbindlich bleiben. Böig läßt er die Kleinflugzeuge fallen und steigen, von der blendenden Sonne jäh in tiefe Schatten stürzen, spielerisch fast vermittelt er auch hinter gläsernen Scheiben ein Erlebnis von purer Natur.

Der erste Einblick in die gewaltige Arena der Geologie läßt den Wunsch wachsen, das Naturwunder mit Händen zu greifen, unter den Füßen zu fühlen. Bright Angel Trail lockt von Yaki Point aus in die Tiefe wie der Wassermann in den Märchen. Man steigt, weniger Sportliche reiten, steil über schmale Saumpfade hinab. Hinweisschilder leiten durch unterschiedliche Klimazonen in die Tiefe der Erdgeschichte.

Es ist kein Spaziergang. Es ist Überwindung, Mühe, äußerste Anstrengung, ein Spiel mit der eigenen Kondition. Acht Meilen, fast 1400 Meter Höhenunterschied: Der Colorado durfte Millionen Jahre schürfen. Wo man Kühle erwartet hat, in der Tiefe, ist es dumpf und schwül und heiß. Mit jedem Schritt steigt die Temperatur an, die rotbraunen Felsmauern säumen gleichsam ein Höllentor. Doch am Fluß angekommen, der sehr kalt, sehr schnell und ungerührt dahinfließt, macht Faszination die Erschöpfung wett, läßt den kräfteraubenden Rückweg vergessen. Der Staub an den Schuhen stammt von versteinertem Getier eines Meeres, von den erstarrten Dünen einer Wüste, von gepreßter Lava, von Kalkstein, Sandstein und Tonstein. Man ging durch die Biographie der Erde zu ihren Anfängen zurück.

Im Grand Canyon ist der Colorado River noch stark und trotz des Glen-Canyon-Dammes in seiner Erosionskraft scheinbar ungebrochen. So sollte man ihn in Erinnerung behalten: Ein stolzer Fluß baute eines der grandiosesten Naturwunder der Erde.

▷ **Mesa Verde/Klippenwohnungen der Anasazi-Indianer**
Cowboys entdeckten einst die uralten Behausungen in den Felsnischen von Colorado. Über ihre Anasazi genannten Bewohner weiß man wenig.

▽ **Colorado Plateau**
Hier erhält der aufmerksame Betrachter tiefe Einsichten in die Erdgeschichte. Kurz vor Sonnenuntergang scheinen die versteinerten Sandwellen zu brennen.

▷ **Monument Valley**
Das vielleicht spektakulärste Tal der Welt gehört den Navajo. Der Schliff der einzeln stehenden Felsformen ist das Werk unendlicher Zeiten.

◁ **Lake Powell**
Staudämme haben die Schluchten des Colorado und des San Juan River in ein künstliches Seengebiet und damit in eine grandiose Freizeitwelt verwandelt.

▽ **Rafting auf dem Colorado River**
Der Ritt mit dem Schlauchboot auf dem eisigen, gurgelnden Wildwasser des Colorado River ist ohne besonderes Risiko.

▽ **Schleife des Colorado River**
Das Wasser des Colorado, erst ein spärliches Rinnsal, dann ein reißender, wilder Fluß, entblößte Schicht für Schicht den Aufbau der Erde.

▷ **Grand Canyon**
Blicke von oben auf die Gesteinsvielfalt der Felskulisse. Sandstein, Schiefer, Kalkstein, alles türmt sich hier. Tief unten fließt der »farbige Fluß«.

◁ **Goblin Valley State Park**
Wenn abends die Schatten länger werden, nehmen die Steine menschliche Züge an, und die unsterblichen Legenden machen die Runde.

▽ **Monument Valley/Indianische Petroglyphen**
Jäger und Sammler ritzten diese Gravuren vor langer, langer Zeit in die Felswände.

Ol' Man River: der Mississippi

Westwind. Wolken wie Schriftzeichen, wie Briefchen aus Missouri am Himmel. Gateway Arch, ein riesiger Bogen aus blitzendem deutschem Stahl ist fest und rostfrei in das Ufer des Mississippi gerammt. Das gigantische Tor umfängt grau verbauten Raum. St. Louis zeigt sich im Ausschnitt, in der Guckkastenperspektive, es ist keine schöne Stadt, man sieht Hochhäuser von durchschnittlicher Höhe, von durchschnittlicher Häßlichkeit, gebaute Melancholie, der man leichtherzig widerstehen kann. Gateway Arch könnte an tausend Plätzen stehen, um Schöneres zu rahmen, doch es will nicht Rahmen, nur Tor sein, Tor zum Westen, in die scheinbar endlose Weite des unerforschten Sehnsuchtslandes von ehedem.

Es ist wahr, in St. Louis brachen 1804 Meriwether Lewis, ein Soldat und Grenzer aus Virginia, und William Clark, ein ehemaliger Armeehauptmann und Waldläufer, zu ihrer Entdeckungsfahrt auf. Das Indianerland im Westen war weit und unerforscht, voll von Unwägbarkeiten, von Geheimnissen und Gefahren. Als sie in St. Louis ihre Reise antraten, stießen zwei Wagemutige und ihre Begleiter die Tür zu einer dunklen neuen, fremden Welt auf. St. Louis wurde zur Ausgangsstation, ein Hafen am Rande der Wildnis, die sich vage Westen nannte, ein Ort, den man ansteuerte, um ihn wieder zu verlassen.

Doch der Fluß der Entdecker war nicht der Mississippi, sondern der Missouri, der bei St. Louis im Mississippi ertrinkt und weit vom Norden aus dem ehemaligen Land der Prärieindianer, der Cheyenne, der Sioux und der Schwarzfußindianer, kommt.

St. Louis hätte besser daran getan, seinen großen Bogen dem Mississippi zu widmen. *Missi Sepe*, »Großes Wasser«, nannten ihn die Algonquin-Indianer, als »kraftvollen braunen Gott« apostrophierte ihn T. S. Eliot, der in St. Louis geborene britische Nobelpreisträger. Mäandernd zieht der rund 4 000 Kilometer lange Fluß mit geringem Gefälle vom Lake Itasca nach Süden, ein lehmbrauner, werdender Riese, der das amerikanische Provinzleben hervorhebt und rahmt wie ein Bild in Pastell. Die großen Städte an seinem Ufer sind selten, die Dörfer verstecken sich im Abseits, hinter natürlichen Dämmen, den ungemein fruchtbaren Ufern und hinter hohen, künstlichen Deichen.

Ol' Man River gibt und nimmt, er ist Gönner und Dieb. Er gibt Baumwolle, Reis, Sojabohnen und Getreide. Er verschenkt bereitwillig Bodenschätze, Schwefel, Erdöl und Erdgas. Aber immer wieder, ehe man Deiche und Entlastungskanäle baute, ehe man ihn begradigte und regulierte, verwandelte er die Landschaft in ein weit wogendes Meer. Er verschluckte fruchtbares Land, riß Wiesen und Wälder und Dörfer mit und veränderte launisch seinen Lauf. Im Jahr 1927 verloren 640 000 Menschen das Dach über dem Kopf und 271 das Leben.

Mississippi-Dampfer befahren den Fluß nun auf nostalgischen Fahrten. Ihre künstlichen schwarzen Rauchfahnen mischen sich mit der feuchten, heißen Luft, ihre Schaufelräder pflügen das Wasser wie einen nassen Acker, ihre Schiffssirenen sind heiser und stumpf, wie brechende Fanfaren einer gestorbenen Zeit.

Der Fluß trug sie alle, die Trapper und die Händler, die Pioniere und Soldaten, die Träumer und Missionare, die Pflanzer und Abenteurer, die Goldgräber und die Buffalojäger. Er trug die rege Phantasie des Lotsen Samuel Langhorne Clemens, des fröhlichen, wilden Jungen aus Hannibal, der als Mark Twain berühmt wurde, und er trug Louis Armstrong mit seiner Trompete.

Er trug die schneeweißen *Steamboats* (Dampfschiffe) mit den feinen Leuten und den unfeinen Spielern an Bord, er trug William Faulkner und seine tiefen Gedanken über die Lei-

▷ **Baumwollfelder am Mississippi**
Die weißflockigen Blüten der Baumwolle schaffen noch immer Kontraste: hier schwarze ländliche Armut, dort weißer ländlicher Reichtum.

denschaften der Menschen, die im Süden leben.

Auf seinem breiten Rücken reisen heute noch romanhaft verschwommene Vorstellungen vom luxuriösen weißen Leben in den Herrenhäusern und vom elenden schwarzen Leben in den *Shacks* genannten Holzhütten. Es reisen Sklavenhändler und Sklaven, unfreiwillige Fremde aus dem Irgendwoher.

Und all das war keine Szenenfolge aus einem Hollywoodfilm, sondern grausame Realität: dieses Einfangen, dieses Trennen von Familien, dieses Verschleppen, Präsentieren und Verkaufen, diese Verurteilungen zu einem unmenschlichen, würdelosen Leben.

Man hat es fast vergessen oder verdrängt, der Civil Rights Act verbot erst 1964 jegliche rassische, religiöse und nationale Diskriminierung in den USA. Aber immer noch, auch nach mehr als einem Vierteljahrhundert, ist die wirkliche Integration der Schwarzen ein unerfüllter Traum.

Frühe Siedler, die an den Mississippi-Ufern ankamen, fühlten sich in der gleißenden Helle und in der lastenden Hitze der Flußlandschaft wie in Ägypten. Der breite, schläfrige Fluß war ihr Nil, und wenn sie Afrikas Strom auch nie gesehen hatten, so nannten sie ihre Ortschaften dennoch Cairo, Memphis und Theben.

Bei Cairo fließt der Ohio-River aus dem Osten zu, ein mächtiger Strom geht in einem noch mächtigeren unter. Er führt mit sich den Duft der Bluegrass-Landschaft Kentuckys, von schönem, dichten Gras, das zur Spätfrühlingsblüte bläulich schimmert, wenn der Wind darüberstreicht.

Die fernen, sanften Hügel an den Ausläufern der westlichen Appalachen sind das Paradies der Vollblutpferde. Wenn die Menschen hier *My Old Kentucky Home* anstimmen, denken sie an die Gestüte, an die unendlichen Grasteppiche, die Frühlingswiesen voll von langbeinigen, übermütigen Fohlen und die eleganten Renntage in Louisville.

Doch Kentucky hat nur wenig teil am *Ol' Man River*, südwärts schlängelt er sich zwischen Tennessee und Arkansas in langen Girlanden nach Memphis. Die alte Metropole des Baumwollhandels liegt breit und behäbig da. Gleichmütig, als wäre in ihren Mauern nicht 1968 Martin Luther King, der Prediger der Gewaltfreiheit, ermordet worden. Memphis blieb Handelszentrum und trägt ein merkantiles Maskengesicht.

Nichts, fast nichts, deutet darauf hin, daß sich in den dampfenden Häuserschluchten und in den staubigen Straßentälern jemals hätte Musik einnisten können. Doch William Christopher Handy, der »Vater des Blues«, spielte hier im legendären Pee Wee Saloon in der Beale Street die traurigen Melodien der Einsamkeit.

That's all right, Mama sang der junge Elvis Aron Presley vierzig Jahre später zu einer in der Beale Street gekauften Gitarre, und ein Star der neuen Art war geboren. Nach Graceland, seiner palastartigen Villa südlich von Memphis, pilgern sie noch immer, viele, die einmal jung waren und in einer Wegstrecke ihres Lebens die Uhr für ein paar turbulente Jahre anhielten.

Auf seinem Denkmal in Memphis trägt Elvis die Gitarre, und der Bildhauer hat ihn schlank und jung und schön gemacht, als wäre der verwirrte weiße Junge aus East Tupelo, Mississippi, der wie ein Schwarzer singen konnte, nie gealtert.

Der Strom fließt breit und träge, in mächtigen Schlingen, ein Flachlandfluß, der sein eigenes Bett mit Geschiebe anfüllt und immer höher baut. Die Dörfer und Städte ziehen sich vom Ufer zurück. Weit im Osten, im Hügelgebiet von Lafayette County, liegt Oxford.

Hier war der Nobelpreisträger William Faulkner zu Hause. Die ruhige, ernste Kleinstadt mit den locker gestellten Häusern, mit weißen Zäunen und uralten Bäumen geriet zur Vorlage für seine Romane. In der Villa Rowan Oak erdachte er das fiktive Land Yoknapatawpha County und die fiktive Hauptstadt Jefferson, die mit Oxford identisch war.

In seinem literarischen Reich agieren stolze, in ihren Ehrenkodex verstrickte Südstaatenfamilien, die, durch den Bürgerkrieg aus der Bahn geworfen und mit den Problemen einer neuen, ungewollten Welt konfrontiert, in Dekadenz und Aggressivität verfallen. Ihr Widerpart sind räuberische Yankees, traditionslose und skrupellose Materialisten, die eine neue Zeit einläuten.

Faulkners Sätze fallen schwer, als meißelte er seine Gestalten in Stein, zuweilen sind sie jedoch so farbig wie die Bilder eines Malers. Man könnte seine Romanfiguren treffen, irgendwo um die nächste Ecke, irgendwo im Baumwolland von Mississippi, auch heute noch.

Oxford wurde gegründet, um Universitätsstadt zu werden, und sie wurde es. Nun geht die verschlafene Kleinstadt in großen Schuhen. *Ole Miss*, die University of Mississippi, residiert in Gebäuden aus rotem Backstein, in klassizistischen Instituten. Die Anlage auf dem bewaldeten, hügeligen Gelände ist traulich wie eine freundliche Burg, in der große Ideen sanft wachsen und reifen können. Längst sind die Studenten der Idee des Sezessionskrieges entwachsen,

in dem die Welt des Südens an Altersschwäche starb. Doch am Mississippi, der sich zwischen Arkansas, Louisiana und Mississippi dreht und windet, Landschaft und Zeit verzögernd, fiebern ältere Amerikaner noch immer Vicksburg entgegen. Vicksburg auf dem 200 Fuß hohen Bluff war ein strategischer Platz. 1863 kämpften hier Südstaatler gegen Nordstaatler. Im National Military Park wächst längst Gras über den aufgeschütteten Erdwällen, doch all die Erinnerungsstücke wurden ans Licht gezerrt, beschriftet, Kanonen stehen alt und lügenhaft unschuldig unter dem kristallblauen Himmel.
Der Tod läßt freundlich grüßen. Hier kann man lernen, wie sehr sich Schauplätze vom einstigen Geschehen entfernen. Es fehlt das Befremden, die jähe Konfrontation, der Tod, die Trauer. Nur niedergeschlagener Südstaatenstolz und das siegreiche Lächeln der Yankees ist aus den Gesichtern der Amerikaner noch immer nicht verschwunden.
Der Fluß allerdings zog sich wenige Jahre nach dem Gemetzel von der einstigen Hafenstadt zurück. Er veränderte seinen Lauf und legte sie trocken. Sie mußte einen Kanal graben, einen langen Arm ausstrecken, um sich wieder an den Vater der Flüsse anzubinden.

Floß der Strom einst näher an Poverty Point vorüber? Erst durch Luftaufnahmen entdeckte man 1953 seltsam geformte Erde im Nordosten von Louisiana. Nun weiß man, daß hier vor 3 500 Jahren eine der ältesten Städte Nordamerikas lag. Indianer bauten Hügel, die wie Vögel im Flug aussahen, sie schufen Figurinen aus Ton, verehrten die Natur, und ihre Handelswege führten bis Ohio, zu den Großen Seen und ins Vorland der Appalachen.
Das Ausgraben und Sammeln, das Forschen und Beurteilen hat längst begonnen. Doch noch kann man über Tallulah und Epps zu den Hügeln der toten Stadt fahren und sich aus den zurückgebliebenen Dingen ein eigenes Vergangenheitsbild zeichnen, ehe kühle Wissenschaft alles zerredet und erklärt und zwischen Zahlen festklammert. Großartig und schön empfinde ich diese aufgeschütteten, dem Lichtspiel preisgegebenen Hügelketten, deren tiefste Geheimnisse noch unbeschwatzt blieben.
Wie anders dagegen Natchez, auf einst indianischem, dann spanischem und britischem Terrain. Natchez war einmal reich, die reichste Stadt am Mississippi, voll von majestätischen Herrenhäusern, die Villen voll von Stuck und Blattgold und edlem Mobiliar.

Sehr weiß und auf Hochglanz poliert erstrahlen die stolzen Paläste auch heute noch in feudalem Glanz, und der Wind raschelt gefühlvoll in den Zweigen der uralten Eichen. Zum Frühlingsfest huschen Damen in pastellfarbenen Reifröcken durch Gärten mit üppig blühenden Azaleenbüschen und wünschen sich ein wenig von der dämonischen Macht, die Margaret Mitchells Scarlett O'Hara besessen hatte.
Herren schlüpfen in veredelte Ausgehuniformen, sie verkleiden sich als Generäle und Sieger, als späte Brüder von Rhett Butler, und der Geist der Konföderierten kehrt für eine Weile nach Natchez zurück. Eine vom Winde verwehte Gesellschaft spielt, umhüllt von Jasminduft, unter einem Himmel wie Seide die Träume einer glorifizierten Epoche nach.
Nur die Sklavenenkel haben sich aus der geschminkten Pflanzerkulisse still zurückgezogen und präsentierten in *A Southern Road to Freedom* ihre eigene bittere Geschichte.
Aufgereiht wie an einer Perlenkette, ziehen sich die Plantagenhäuser weiter bis Baton Rouge. Reichtum aus Baumwolle, Zucker und Sklavenarbeit umbaute sich mit Villen im Spanish und Federal Style, im Greek Revival und Gothic Revival Style, und manche Villen gleichen Tempeln, in denen sich die weißen Knospen der Baumwolle auf geheimnisvolle Weise in Gold verwandelten.
Vor dem Bürgerkrieg lebten hier zwei Drittel der amerikanischen Millionäre. Nun ist vieles museal, ohne Sklavenarbeit war der Unterhalt der von Sklaven erbauten Herrenhäuser nicht mehr zu bestreiten.
Es ist ein Schauen in die Tiefe, in die Geschichte, in das Antlitz einer Gesellschaft, wie sie einmal war. Zuweilen läßt man sich gerne von diesen Stimmungen einfangen, denn am Fluß beginnt bei Baton Rouge eine Industrielandschaft, die sich als Chemical Corridor bis New Orleans hinzieht.
New Orleans liegt auf der Höhe von Kairo, doch die sommerliche Backofenglut schmeckt nicht nach Wüstensand, sondern nach Brackwasser. Die Stadt steht feucht: rundum Seen, Sümpfe, im Westen und Südwesten die Bayous, im Norden Lake Pontchartrain und mittendurch der Vater der Flüsse, 700 Meter breit, erdig braun, mehr stehendes Gewässer als Strom. Die Stadt liegt tiefer als die sie umgebenden Wasserflächen, man muß sie durch gewaltige Pumpensysteme sichern. Die Erde hier ist so naß, daß die Toten in oberirdischen Friedhofstädten ruhen müssen.
Robert Cavelier de La Salle hatte bereits halb Amerika durchmessen,

ehe er 1682 am Mississippi-Ufer an Land stieg, ein Holzkreuz errichtete, eine Salve aus einer Muskete abfeuerte und das Tal des Stromes im Namen des Sonnenkönigs für Frankreich in Besitz nahm.

An der Wiege von *La Nouvelle-Orléans* standen französische Kolonisatoren. Auch Ludwig XV. im fernen Frankreich liebte seine exotische Kolonie. Er war den mutigen, einsamen Männern in der Fremde von Herzen gewogen und sandte ihnen huldvoll ein Pariser Präsent, von dem er selbst einiges verstand: viele freundliche, willige, lockere Mädchen.

Doch ebenso wie die Mädchenschar war ihm letzten Endes auch die neue Stadt wohlfeil. Er überließ sie 1762 einem spanischen Vetter. Nicht weil er es gerne so wollte, sondern weil er das Kriegsglück in weichen Betten verschlafen hatte.

Erst Napoleons kompromißloser Ehrgeiz tilgte die Schmach und brachte La Nouvelle-Orléans 1800 wieder an Frankreich zurück. Allerdings nur als Interimsbesitz, drei Jahre später verkaufte auch er ganz Louisiana mit seiner gemischt französisch-spanischen Gesellschaft, mit seiner kreolischen Kultur, für 15 Millionen Golddollar an die USA. Erst dann nisteten sich amerikanische Geschichte und Lebensart ein, zumindest am Rande, denn die Puritaner haben die Stadt nie wirklich erobern können.

New Orleans blieb eigenwillig, eine träge, wissende Schöne, die sich lasziv in der Schlinge am Fluß räkelt und ihre Seele nur in kleinen Portionen an das hektische, nervöse Amerika verkaufte.

Durch den Dunst des Tages schimmern noch immer die Schemen der Vergangenheit: die Heimatverbundenheit der Franzosen, die eine Idee von Glanz aus dem Reich des Sonnenkönigs mitnahmen, die Passion der Spanier, die in ummauerten Patios den blumenduftenden Schatten genossen, die Magiegläubigkeit der Schwarzen, die am Grab der Voodoo-Königin Marie Laveau noch immer ihre rituellen Kreidestriche ziehen, als hätte die Stadt nie das 20. Jahrhundert erreicht.

Gewiß, die Hülle von New Orleans ist längst in der Zeit angekommen, hat sich hochgetürmt, oft gesichtslos, zuweilen phantasielos, typisch amerikanisch. Aber den Kern des *Vieux Carré*, das alte Herz der alten Stadt, gibt es noch immer und auch die zierlichen, wie aus Eisenspitze gehäkelten Balkone, die grünen Restaurantgärten, in denen livrierte Ober servieren.

Die Pferdedroschken in der Decatur Street gibt es noch, den French Market, die Antiquitätenhändler in der Royal Street, die mit der Lilie der Bourbonen werben, und die Straßenkünstler, die wie emsige Kokotten den Vorübergehenden ihre Kunst anpreisen.

Es gibt die Straßen mit den klangvollen Namen noch, Bourbon Street, Basin Street, Namen, in denen Erinnerung und Musik schwingt, der mitreißende Jazz der Schwarzen und Kreolen und die Schwermut des Blues.

Amerikaner haben dem Vieux Carré am Jackson Square das Standbild des reitenden Generals Andrew Jackson, eines Helden im Krieg gegen England, aufgepfropft. Er steht fremd an einem Ort, der einmal Place d'Armes hieß und die Keimzelle der französischen Stadt darstellte. Nachts im grünen Licht der Laternen paradiert der General schwarz vor der Kathedrale St. Louis, dem spanischen Cabildo und den spanischen Pontalba Buildings, er paradiert vor einem gemischt europäischen Stadtteil, der seinen Charakter weitgehend bewahrt hat und sich nun meistbietend an die Reisenden verkauft.

Vergeblich wird man in der Bourbon Street all die Bilder, die eine rege Phantasie gezeichnet hat, auch außerhalb des Maison Bourbon suchen. Vergeblich die Wiege des Jazz, den alten Congo Square, finden wollen. Hier tanzten die Sklaven, hier trieben sie Voodoo, hier war der Nährboden, aus dem der Jazz entstand. Nun heißt der Platz Beauregard Square, und er ist ganz und gar alltäglich geworden.

Die Musiker haben sich nach Preservation Hall und ins Maison Bourbon zurückgezogen, um die Geister von Louis Armstrong, der einst als Straßenjunge durch das Vieux Carré zog, von King Oliver, von Sidney Bechet und Buddy Bolden zu beschwören. Zuweilen gelingt es ihnen, zuweilen klingt *Sunny Side of the Street* süß und rauh, beinahe so wie Satchmos Trompete.

Im milden Winter, ab dem 6. Januar, driftet die Stadt ins Karnevalfieber und versinkt immer mehr in einem rauschhaften Zustand scheinbarer Schwerelosigkeit. Die tollen Tage gipfeln im *Mardi Gras*, dem Dienstag vor Aschermittwoch. Dann bricht New Orleans wie ein Vulkan aus, explodiert in Lärm und Rhythmen, in Tollheit und Illumination.

Zur großen Parade werden Pracht und Luxus wie die Masken von Clowns angelegt. Die elementaren Gefühle aber, das unbändige Lachen und der Übermut, die Trunkenheit, die Lust und der Leichtsinn finden ihr Ventil. Durch die Straßen im Vieux Carré fluten, unter dem Zepter des Karnevalskönigs, Kapellen und prächtig dekorierte Wagen, tänzeln Menschengruppen in Straußenfedern, in Gold, Flitter, Seide und Nacktheit. Auch Zulu, der schwarze Monarch, und sein Gefolge haben ihren Platz im Festzug. Am Morgen des Aschermittwochs ist die überhitzte Festtagslaune verglüht, die Köpfe werden kühler, und die Sünder streuen sich Asche aufs Haupt. Natürlich ist die Stadt längst über das Vieux Carré hinausgewachsen, längst stehen im Geschäftsviertel und am Mississippi-Ufer Wolkenkratzer, im Louisiana Superdome, dem größten überdachten Stadion der Welt, finden 100 000 Zuschauer Platz, und über den Lake Pontchartrain führt die längste Brücke der Welt. Der Hafen bewältigt den nach New York größten Warenumschlag der USA. Aber im Garden District stehen noch immer die feinen alten Villen, die sich die Moderne leider nicht zum Vorbild genommen hat, und so sind sie Fluchtpunkte aus einer Stadt, die an ihrer Peripherie in Slums und Armut zerbricht.

Ein halber Kontinent schickt seine Wassermassen mit dem Mississippi und dem südlich von Natchez von ihm abzweigenden Atchafalaya durch Louisiana in den Golf von Mexiko. Doch nicht alles Wasser gelangt geradewegs in den Golf. Die beiden Flüsse gebären unendlich viele *Bayous*, kleine Wasserwege, die wie ein Gespinst pulsierender Adern das Küstenland durchziehen, die sich kreuzen, umarmen, verflechten, erneut verzweigen und wiederum vereinigen. Ein Staat löst sich an seinen Rändern in einem Irrgarten aus Erde und Wasser, aus Seen, Tümpeln, Sümpfen, landfesten und schwimmenden Inseln auf.

In dieser sensiblen amphibischen Landschaft zählt nur das Jetzt und Heute. Nichts ist beständig, abgestreift ist alle Regelmäßigkeit, nach Stunden schon können die Flüßchen ihre Richtung ändern, sie können salzig schmecken, wenn die Flut ihre Wellenkämme durch die Kanäle landeinwärts treibt, sie können plötzlich stillstehen, weil der Fluß, der sie speiste, sein Bett neu gegraben hat.

Wo halb ertrunkene Zypressen wie dunkle Wunden im Wasser schwimmen, wo Moos den Bäumen dichte Bärte verleiht und die Küste Louisianas aussieht wie eine schier unendliche Camargue, leben die Cajuns. Sie kamen von weither. Sie reisten von Frankreich in die kanadische Provinz Acadia und flohen um die Mitte des 18. Jahrhunderts vor den Engländern quer durch Nordamerika bis in die Feuchtgebiete Louisianas.

Sie fingen Austern, Garnelen, Flußkrebse, jagten Pelztiere, bestellten kleine Äcker und blieben der Mentalität und der derben Fröhlichkeit französischer Landbewohner treu. Viele sprechen noch ihren Dialekt, noch spielen sie mit ihren aus Geige, Gitarre, Baß und Akkordeon bestehenden Musikbands Evergreens wie *La Jolie Blonde, Ma Nigresse* oder *The Lake Arthur Stomp*, und noch verschönt der *Fais-do-do-Tanz* ihre Samstagabende.

Grenzenlos und unzerstörbar erscheinen die Tiefebenen, die der Mississippi mit immer neuem Schlamm aufschüttete, wie blinde Spiegel sehen die Wasserwege und die Tümpel aus. Silbernen Bändern gleichen aber auch die Kanäle, die von den Ölgesellschaften angelegt wurden, um die im Cajun-Land geförderten Milliarden Barrel Öl und Billionen Kubikmeter Erdgas zu transportieren. Mit dem Öl ging in weiten Teilen der Küstenzone die Gemütlichkeit verloren. Man könnte Zeilen mit Pessimismus füllen, Worte als Abgesang auf eine schöne Landschaft schreiben.

Doch das träfe den Kern nicht. Noch kann man mit Booten in die geheimnisvolle Welt des Mississippi-Deltas eindringen, an Sümpfen voll von Lilien und Seerosen, an Erdwällen, sogenannten *Cheniers*, dicht bestanden mit bärtigen Eichen, an Weihern vorüberfahren, wo im Schatten von Sumpfzypressen die Silberreiher rasten. Bis weit hinaus, durch ein Grasmeer aus Alligatorkraut, zu den Marschen kann man reisen, wo die Vogelzüge im Herbst einfallen und die Hälfte der nordamerikanischen Wasservögel leben. Nur die Zugvögel können die Rache der Erde an ihren Erschließern, den jährlichen Fortgang, exakt ausspähen: Die schöne Küstenzone schrumpft, das Meerwasser des Golfs nimmt Tag für Tag und Jahr für Jahr Teile der Küste ein, es ist Sieger im Kampf gegen das immerwährende Geschiebe des Mississippi.

Im Süden Louisianas finden jedoch die gewaltigsten Schauspiele am Himmel statt. Die sanften Wolken, die hier in unendlichem Frieden ziehen, verwandeln sich oft in Minutenschnelle zu jagenden, stürmenden, aufgeblähten, schwarzen Ballen, und der Sturm peitscht die blühenden Binsen im Schilf, die Schwarzweiden und die Zweige der Sumpfeiben. Er reißt das Moos von den Eichen, und die lavendelblau blühenden Wasserhyazinthen zerrt er in den Himmel und läßt sie wie fliegende Teppiche am Horizont kreisen. In seinem wütenden Crescendo brechen die Äste und die Bäume, und das Wasser, fast schwarz unter dem wütenden Himmel, schäumt, steigt in riesigen Flutwellen auf und setzt das amphibische Land vollends unter Wasser.

◁ **Memphis/Beale Street**
Im Pee Wee Saloon in der Beale Street kreierte William Christopher Handy die melancholischen Melodien der Einsamkeit, den ländlichen Blues der Südstaaten.

▽ **Memphis/Graceland, Elvis Car Museum**
Auf der Suche nach der vergangenen Zeit: Jahr für Jahr pilgern Menschenmassen nach Graceland, um Relikte aus dem Leben von Elvis Presley zu bestaunen.

◁ **Oak Alley Plantation**
Neoklassizistische Architektur gab den Herrenhäusern des Südens ihren Stil, Alleen aus Eichen verliehen ihnen den herrschaftlichen Rahmen.

▽ **New Orleans/Vieux Carré**
Spanier schufen einst die prachtvollen, wie gehäkelt wirkenden Balkone.

▽ **New Orleans/Jazzmusiker**
Schon vor hundert Jahren hallte Jazz durch die Straßen von New Orleans. Louis Armstrong wurde hier geboren. Die Stadt gab musikalisch lange Zeit den Ton an.

▷ **New Orleans/Mardi Gras**
Bunte Masken, phantasievolle Verkleidung und ausgelassene Stimmung, das kennzeichnet den Fastnachtsdienstag in New Orleans, wenn die Karnevalsgesellschaften durch die Stadt ziehen.

▽ **Der Mississippi bei Vicksburg**
Historischer Boden von der grausamen Sorte. Bei Vicksburg kämpften Nord- und Südstaatler erbittert gegeneinander. Der National Military Park ist voll von Denkmälern.

▷ **Bayou von Venice/Krabbenfischer**
Das Sumpfgebiet in den Flußarmen des Mississippi-Deltas ist der durch Überschwemmungen und Hurrikans gefährdete Lebensraum der Cajuns, *einer französischstämmigen Volksgruppe.*

Land unter dem Stetson: Texas

Beinahe ein Mythos ist er, der Hut mit dem Kniff und der breiten Krempe, der handgefertigte Luxus aus robustem Filz. Als J. B. Stetson, Hutmacher aus dem fernen Pennsylvania, den *Boss of the Plains* kreierte, mag er an die brütende Sonne und die Staubstürme der Great Plains, an die Regentage im Hill Country oder in Osttexas, das sich wie ein verwilderter Garten gebärdet, gedacht haben. Er wollte nichts als eine Kopfbedeckung formen und schuf ein texanisches Symbol.

Der Hut sagt aus: Hier beherrschen Machos die Welt der grenzenlosen Prärien, Cowboys, Ölmilliardäre, Rinderbarone, kantige, rauhe, harte Burschen, wie aus Urgestein gehauen, Pioniere, Kämpfer, Sieger. Der Stetson, ob *Plainsman* oder *Vaquero*, ob *Lone Star* oder *Brushpopper*, war eindeutig männlich. Sogar Präsidenten, echte Texaner und falsche Texaner, trugen ihn. Nun stülpt ihn sich jedoch längst auch die Texanerin zuweilen über, die Rituale stürzen, ein Hut kam unter die Leute – was ist aus dem zweitgrößten Bundesstaat der USA, der sich vom Golf von Mexiko bis zu den Rocky Mountains erstreckt, geworden?

Nachschau in der Millionenstadt Dallas. Dallas besitzt alles, Hochhäuser, die sich eins im anderen spiegeln, Kraft, Unternehmungsgeist, Mut, Familien, die den Ton und die Richtung weisen, Museen mit peruanischer Kunst, mit spanischen Gemälden, mit den besten, die Geld kaufen kann. Daß hier in siechenden Häusern auch Elend wohnt, dumpf und ohne Hoffnung, wie ausgesiedelt im farbigen Ghetto von South Dallas, bleibt den meisten Reisenden verschlossen.

Dallas besteht eigentlich nur aus verschiedenen Stadtvierteln. Es verfügt über kein richtiges Zentrum. Geschäftsbezirke hängen an Stadtautobahnen, schwimmen wie Inseln im Grau, berühren sich nicht, und die Menschen kreisen in einem riesigen verbauten Raum, dem sich auch der Nachbarort Fort Worth anschloß.

Eine abwechslungsreiche Landschaft hat Dallas nicht zu bieten. Prärie, soweit das Auge reicht, in Sonnenfeuern verbrannt, braunes Gras, ein Fluß, künstlich gezähmt und nutzbar gemacht, selbst der Himmel vermummt sich farblos in Langeweile. Man hat ihm in der Stadt der großen Kirchen und der kleinen Frömmigkeit einen künstlichen Vollmond vorgeblendet. Reunion Tower glüht in tausend computergesteuerten Lämpchen, ein texanischer Mond als Sinnbild für texanische Hybris, halb mitgeteilt, halb verschwiegen: Selbst Gestirne baut man sich selbst.

Niemand weiß, weshalb John Neely Bryan, ein junger Abenteurer, der in Begleitung eines Indianers, eines Pferdes und eines Hundes war, vor hundertfünfzig Jahren am Trinity River die erste Blockhütte errichtete. Vielleicht war er nur der Weite, der Maßlosigkeit der Landschaft, der in der Sonnenglut fiebernden Luft und der Wanderschaft müde.

Man hat sein Blockhaus restauriert, die Ruine von gestern, das Domizil eines sehr einsamen Mannes, dessen Geist sich verwirrte, gilt nun als Keimzelle von Dallas. Sehr klein steht es da und sehr fremd, die hochgetürmte Stadt ist sein Antagonismus, man hat sie zur Erfolgsstory hochstilisiert.

Dallas hat diesen Winkel seiner Geschichte vielleicht naiven Herzens konserviert, um einen anderen, ganz nahe in Commerce Street, vergessen zu machen: In weißem Granit ist die Erinnerung an die Schüsse von Dallas, an den Präsidentenmord, den alle Welt live miterlebte, vermauert. Die Stadt trägt den Tod John F. Kennedys verschämt wie ein Kainsmal. Das gewaltsame Ende paßt nicht in eine Welt, die das Glück des Siegers wie nichts anderes verherrlicht. Dallas und Fort Worth, unter dem Begriff Metroplex vereinigt, haben wenig gemeinsam. Fort Worth war eine Etappe, ein Meilenstein auf dem

▷ **Dallas/Ölraffinerien**
Nachts strahlen sie wie Christbäume, tagsüber verdunkelt ihr Qualm das Umland von Dallas.

Chisholm Trail, dem legendären Viehweg zwischen Texas und Kansas. Als die Texas Pacific Railroad bis Fort Worth vorstieß, wurden die großen *Stockyards* (Pferche), die Auktionshallen und die Schlachthöfe gebaut. Longhorns, Pferde, Ranger und Cowboys füllten einst die Stadt, sie war voll Staub und Lärm und Durst und Hektik.
Outlaws wie Bonnie Parker und Clyde Barrow, Butch Cassidy und Sundance Kid, Darsteller und Komparsen düsterer Geschehnisse, ließen ihre Spuren zurück. Doch die alte *Cowtown-Welt* von Fort Worth ist Vergangenheit, der Ruhm der »Rinderstadt« längst an Amarillo abgetreten, der althergebrachte Versteigerungsmodus ist im Satellitenzeitalter untergegangen.
Doch noch gibt es Rodeos im Coliseum, die Saloons riechen nach *Toddy* (Fusel) und Leder, in den *Western Style Restaurants* ißt man unter den Portraits preisgekrönter Stiere, noch kann man handgenähte Stiefel und Sättel, Silbersporen und lederne *Chaps* (Beinschutz) kaufen.
Es ist die von Rindern hartgestampfte Erde der *lonesome cowboys*, der Ort der vergangenen Abenteuer, der *Buckaroos*, der tollkühnen Reiter, die kein Mustang je abzuwerfen vermochte, der wortkargen Spieler, der Hillbilly-Abende, der besitzlosen Outcasts: Fort Worth war einmal ihre Stadt. Für Nostalgiker und Countrymusiker, die mit falschem texanischen Dialekt harte Burschen mimen, ist sie es noch immer.
Auf den Spuren der Cowboys, die es ja doch noch gibt, die von Sonnenaufgang bis Sonnenuntergang im Sattel sitzen, im Frühling zum *Branding* (Einbrennen des Brandzeichens) und im Herbst zum *Roundup* (Sammeln der Herde) antreten, sollte man nach Westtexas, über den River Brazos hinaus, reisen.
Beyond the Brazos, da ist das weitgedehnte, endlose Ranchland, hier sind die gelbbraunen, fast steppenhaften Weiden mit den trockenen Gräsern, die den Rindern so erstaunlich gut schmecken. Das Land ist einsam, fast scheint es leer, und nur der Himmel darüber gibt ihm mit seinen dramatischen Inszenierungen Leben und Farbe, unterbricht zuweilen die Sonnenstrahlen, die wie glühende Lanzen auf den ausgedörrten Boden niederfallen.
Die die Windräder schwarz und filigran vor dem Horizont erscheinen lassen, wie überaus zarte Figurinen. Doch auch die Bohrtürme, die im Westen von Texas so dicht stehen, entbehren nicht einer gewissen graphischen Schönheit.
Unsere Route führt vorerst nach Süden. Das Licht, ein Licht wie Metall und Flitter, verlockt an den Golf. Houston wuchs aus einem Fiebersumpf. Eine Hitzeglocke darüber, Schwüle, Heimsuchung, eine Spur Höllenmetapher. Es wuchs aus Spekulation und Eigennutz. Freiwillig gab es den Blick auf den weiten aschgrauen Himmel auf und baute sich bis in die gewitterschwangeren Wolkenballen, die so oft wie drohende durchhängende Tücher über dem Land liegen. Nun geht man durch die Straßen der Stadt, durch Hochhausschluchten wie durch tiefe, brennende Täler, und nirgends ist eine frische Brise, nur aus dem Inneren der Häuser weht im Vorübergehen eine Spur von Eiseskälte.
Die Stadt gab sich den Namen des Politikers, Generals und ersten texanischen Präsidenten, Sam Houston, eines eher rüden, trinkfesten Helden, der Texas den Mexikanern abnahm. Auch der Charakter von Houston ist rüde geblieben.
Dies ist eine Stadt, eingekreist von Öltanks, von Abfackelfeuern, von Industrieanlagen, hochgetürmt, manchmal schön gebaut und von Stararchitekten entworfen, jedoch glitzernd und grell. Das Grelle sprüht ungezügelt aus den Leuchtschriften. Es wirbelt wie Sternenstaub an futuristischen Hochhäusern auf. Es mischt sich in die Höllentiraden der Bußprediger, in die bürgerlichen Bibelstunden im Nobelviertel River Oaks, es macht die Rodeos im kunstgekühlten Astrodome zum Spektakel. Es gibt den Tanzhappenings am Market Place eine surreale Note und dringt durch den Erdboden unter Tage: Zum Shopping steigt man in das Underground Tunnel System ab, Restaurants und Läden haben sich vor dem heißen, hellen Wind wie Maulwürfe in den Keller der Stadt vergraben.
Houston liegt etwa achtzig Kilometer vom Meer entfernt in einer subtropischen Tiefebene. Es hat diese unbefriedigende Lage jedoch nie akzeptiert und grub sich den breiten, für Hochseeschiffe befahrbaren Houston Ship Channel zu den Lagunen von Galveston Bay und zum Meer.
Öl und Chemie wurden zu Angelpunkten des Denkens, des Handelns. Raffgier und das Anhäufen von Statussymbolen wurden zum Sport, die Stadt blendet, sie lockt nicht, sie ist kein Ort, der einen Traum wahr werden ließe oder eine Reisesehnsucht stillen könnte. Nur die kleinen Gründerzeithäuser und das so beharrlich blütenweiße, hundertjährige Kirchlein im Sam Houston Park rühren ein wenig. So winzig, so betagt, so spielzeughaft freundlich.
Es fällt nicht schwer, Houston zu verlassen. Etwas außerhalb, im Süden, liegt die Kommandozentrale

des Alls. Im Lyndon B. Johnson Space Center verwaltet und kontrolliert die NASA ihre Weltraumflüge. Erfolge und Mißerfolge zeichnen sich auf dem Riesenbildschirm im Kontrollzentrum wie unglaubliche, wie unwirkliche Bilder ab.
Die stolzesten Augenblicke wurden für das Wertgefühl einer Nation festgehalten. Raumfüllend lächeln die ersten Männer auf dem Mond, sie sind schon Geschichte und Vergangenheit geworden, in so schnellen Schuhen geht die Zeit, doch die Bilder vom Mars versprechen eine spektakuläre Zukunft in neuen Bahnen. Nahe der heißen, aber seelisch unterkühlten Stadt Houston wirken jedoch auch die wahrgemachten Träume kühl.
Erst am Meer, in Galveston Country und weiter an der Küste nach Corpus Christi, gibt es wieder Kleinstädte mit Charme, Fischerstädtchen, in denen die Raffinerien die Schönheit des Meeresufers nicht vollends zerstören konnten.
Hier gibt es noch Idyllen. Die Säbelschnäbler leben auf Matagorda Island, man findet die alten Dünen bei Rockport und die Salzmarschen im Aransas National Wildlife Park. Weiß schäumend bricht sich das Meer an den Ostküsten von Mustang und Padre Island. Gewaltige Sandbarrieren mit struppigem Grün halten das gierige Wasser im Golf von Mexiko von der texanischen Küste ab. Schmuggler lebten und leben vielleicht noch heute hier, Vögel halten Rast, spähen im Tiefflug nach Beute aus, finster blickende Männer hoffen auf Strandgut, das der Wind und die Strömungen im Golf hier zuweilen an die Küste wirft. Es ist kein Paradies, aber eine rauhe Landschaft, von erregender, wilder Schönheit, vor allem abends, wenn die Sonne am einsamen Strand von Boca Chica mit ihren Feuerfingern den Himmel sanft streichelt.
Hübscher als Houston, sehr viel hübscher, ist Austin. Eingebettet in welliges Hügelland, in jene grünen Hügel, die man einst Deutsch-Texas nannte, gibt sich die texanische Hauptstadt freundlich und locker, voll Country-music und Freizeitvergnügen.
Zuweilen will mir scheinen, sie ist fremd in Texas, kein Produkt einer überhitzten Ölkonjunktur, sondern eine gewachsene Landstadt, die unschuldigen Herzens den Status der Metropole erreichte, aber gelassen und locker blieb. Doch die Stadt ist zweifellos texanisch, zumindest einmal stellte sie es unter Beweis: Die Kuppel ihres Kapitols wurde sieben Fuß höher als die Kuppel des Kapitols in Washington gebaut und rückt so die Dimension und den Stolz des *Lone Star State* wieder zurecht.
Deutsche Einwanderer gründeten in der Mitte des vorigen Jahrhunderts New Braunfels und Fredericksburg im Südwesten und im Westen von Austin. Sie schlossen Verträge mit den kämpferischen Komantschen und siedelten im Indianerland.
Hill Country ist horizontweit, ruhig, die Lupinenfelder schimmern im Frühling rot und blau, dazwischen stachelige Opuntien, darüber knorrige Eichen und Ulmen. Kleine Farmhäuser liegen einsam hinter blaugrünem Buschwerk. Die Kühe grasen friedlich, beschauliche Seen und Flüsse wellen sich in Schilfarmen, Armadillos, die putzigen texanischen Gürteltiere, kreuzen zuweilen die Straßen.
Am Guadalupe River ist die Uferlandschaft geblieben, wie sie immer war: wild und idyllisch, der Boden riecht nach altem Laub und frischen bunten Blumen.
»Let's go to Luckenbach, Texas«, sang Waylon Jennings vor vielen Jahren, und junge Menschen suchten den Ort, wo es weder Sorgen noch Kummer gibt, mit naiven Seelen. Luckenbach: kleiner Ort, kleiner Laden, kleiner Schatten, kleines Leben, kühler Wind, kühles Bier. Träume vom Weg zurück zu den Wurzeln, die sich an ein paar schiefen Hütten und in einer Tanzhalle festsetzten. Luckenbach ist nur ein winziger Ort, nicht einmal ein Stilleben, das Lied war fast nur ein Gedanke.
Realer ist der Boot Hill in Bandera, ein steiniger Friedhof, in dem Stiefel Grabkreuze bilden, für Männer, die in ihren Stiefeln gestorben sind. Cowboys, Viehdiebe, Outlaws, Namen und Taten längst verschüttet von der Zeit, man darf sich seine eigenen Geschichten ausdenken.
Bandera gilt jedoch noch immer als *Cowboy Capital of the World*. Es gibt viele echte Ranches, aber auch *Guest Ranches*, die die Nachfrage nach Luxus und Wildem Westen, nach Rodeos und Lagerfeuerromantik befriedigen. Sie sind wie Spielgeld, man kann nichts Echtes dafür kaufen.
Spinnennetzförmig laufen die Straßen auf San Antonio zu. San Antonio de Bexar, die erste Hauptstadt der Provinz Texas, macht das Land bunter. Sie wurde im 18. Jahrhundert von Spaniern gegründet und erbaut, von spanischen Franziskanermissionaren in die fromme Zange genommen, sie war eine spanische Stadt, sie wurde mexikanisch und schließlich von Texanern vereinnahmt.
Wer kennt sie nicht, zumindest aus dem Film mit John Wayne, die historischen Ruinen der Alamo, die Torbogen, die Säulen, die blinden Fenster, die das Sterben der 188 gegen

Mexiko rebellierenden Texaner verbargen? *Remember the Alamo*, riefen von da an die Texaner unter General Sam Houston und schlugen die Mexikaner unweit des San Jacinto River entscheidend. Die Alamo mitten in der Stadt, der Ort, wo selbst »die segelnden Wolken einen dunkelroten Schimmer vom vergossenen Heldenblut annehmen«, wie es in einem patriotischen Gedicht heißt, wurde zum Nationaldenkmal und gilt als Wiege der texanischen Freiheit.

Die Geschichte von Texas ist jedoch geschönt, sie ist für Kinderlesebücher stolz zurechtgemacht. Texas braucht seinen Mythos, von den fünfzig Indianerstämmen, die das Land ursprünglich bewohnten, ist längst keine Rede mehr. Nur vier winzige Gruppen dämmern in abseits gelegenen Reservaten dahin. Die Überheblichkeit der Weißen ließ nie zu, in den *Savages* (Wilden) gleichberechtigte Völker zu sehen.

San Antonio am San Antonio River, an der Flanke des texanischen Tafellandes, widerstand jedoch in weiten Teilen der neuen amerikanischen Welt. Stolz und brüchig, wie Mahnmale, ragen die spanischen Missionskirchen aus dem 18. Jahrhundert am Rande des Mission Trail in den Himmel. Auf dem Paseo del Rio überspannen Bogenbrücken das grüne Wasser, Palmen bilden grüne Schirme, Musik verbindet Mariachi- und Country-Musiker, Flamencotänzerinnen geben den Fiestas Schwung und Farbe. Auf flachen Booten fährt man sanft durch eine Stadt, die zwar amerikanisch geworden, ihrer Atmosphäre nach jedoch noch immer eine hispanische Stadt voll bunten Lebens ist.

Wind und Sonne regieren Westtexas. Die Straße nach El Paso führt in eine gelbbraune Landschaft, in Wände aus Staub, die einem im Frühling im leeren Land entgegenkommen wie aufgespannte Leinwände der Apokalypse.

Windräder überragen die Wellenkämme der Prärie, und die Wolken ziehen tief herauf wie einst die ungeheuren Bisonherden, wie die Apachen und Komantschen.

Gegen Süden zu umfängt das Knie des Rio Grande die phantastische Formenwelt des Big Bend National Park. Von Fort Stockton über Marathon geht die Fahrt in eine zauberhaft abgelegene Landschaft, wo mächtige Berge aus der Chihuahua-Wüste aufsteigen und messerscharfe Agaven steile Felsrampen erklimmen. Zwei Meere, Vulkanismus und stürzende Bäche, haben das spektakuläre Land geformt. Zurück blieben eisenrot glühende Badlands, steil eingeschnittene Canyons, weite Beckenlandschaften, die bizarren Bergformen der Chisos Mountains, die bis 2 400 Meter aufsteigen, und die Talauen des Rio Grande.

Am schönsten ist die Fahrt im Frühling über Panther Junction bis Chisos Basin. Dann blühen die Wildblumen, wie rosafarbene und kornblumenblaue Wolken bilden sie Kontraste zu den Feigenkakteen, Kreosotsträuchern und Stachelgräsern, sanft streicheln sie die Füße der Chisos Mountains mit ihren markanten Profilen.

Indianer haben hier ihre Mythen und ihre Träume angesiedelt. Der Geist des Apachenhäuptlings Alsate lebt hier fort, und nachts, wenn ein Stern vom Himmel fällt, ist es ein Funke vom Lagerfeuer des großen Einsamen, der das Schicksal seines Volkes betrauert.

Apachen und Komantschen lebten im unübersichtlichen Bergland. Wie Schlupfwinkel wirken die wilden Schluchten, auf den schmalen Pfaden wird die Phantasie mit Indianergeschichten beflügelt.

Vielleicht brachten sie ihre ersten, von spanischen Eindringlingen erbeuteten Pferde ins Chisos Basin, vielleicht töteten sie hier den gierigen Silberminenbesitzer, der sie versklavt und gezwungen hatte, das Silber von Lost Mine Peak zu fördern. Sagen aus alter Zeit hängen um die Gipfel, nie aufgeschrieben, manche hübsch ausgedacht. Die halb zugewachsenen Trails zu versteckten Canyons sind oft so einsam, daß sie die Vorstellungskraft herausfordern.

In El Paso nimmt man Abschied von Texas. Eine Stadt liegt mitten in der Wüste, überragt von den Ausläufern der Rocky Mountains und durch den lehmbraunen Rio Grande vom mexikanischen Ciudad Juarez getrennt. Es ist keine bequeme Grenze. El Paso bewacht den Paß von Mexiko nach New Mexico, die Männer der *Border Patrol* (Grenzschutz) versuchen mit allen Mitteln, die illegale Einwanderung aus dem Süden einzudämmen.

Die einstmals spanische Stadt ist riesengroß, ein Schmelztiegel, doch von ihrer Vergangenheit längst abgeschieden. Die Gefechte zwischen Outlaws und Texas Rangers, zwischen texanischen Aufständischen und mexikanischen Truppen sind nur mehr ein Thema für Filme. Am schönsten ist El Paso abends vom Mt. Franklin aus gesehen, wenn die untergehende Sonne die Wüstenlandschaft in ein mildes Rotgold hüllt.

▷ **Houston/Blick auf die Skyline**

▽ **Copeland Ranch**
Jenseits des Rio Brazos liegen die gelbbraunen, fast steppenähnlichen Weiden und die Ranches, die so groß sind wie kleine Königreiche.

▷ **Einfangen der Kälber**
Cowboyromantik findet nicht zwischen Zäunen und Gattern statt. Das Einfangen der Kälber mit dem Lasso für das Branding, das Einbrennen des Brandzeichens, ist Schwerarbeit.

▽ **Galveston/Gründerzeitarchitektur**
Nur zwei Gebäude überlebten, als die Flutwelle eines Hurrikans im Herbst des Jahres 1900 die Inselstadt vor der texanischen Küste unter sich begrub.

▷ **San Antonio/The Alamo**
Die Missionsstation wurde zur Festung, die Festung zum Symbol des texanischen Freiheitskampfes, der mit John Wayne in der Hauptrolle in heroischen Bildern verfilmt wurde.

Westlich von Santa Fe

New Mexico, *Land of Enchantment*, das zauberhafte Land. Ein Bundesstaat, fremd, wundersam, sehr weit und sehr einsam. Die Rocky Mountains und ihre Ausläufer bilden das steinerne Rückgrat. Im Osten sind die Ebenen horizontweit, im Westen greift die Wüste nach den Vorbergen und weht Sand in die Täler, stäubt ihn über die weißen Yuccablüten, läßt ihn lautlos über die nach Arizona führenden Straßen rieseln oder in fulminanten Stürmen wirbeln.
New Mexicos Hauptstadt Santa Fe liegt, von El Paso aus gesehen, weit im Norden. Man fährt im grünen Tal des Rio Grande flußaufwärts und weiß die Jornada del Muerto, verschwimmend bis zu den San Andres Mountains, im Osten und die hochragende Black Range im Westen. Nebenwege führen nach White Sands unweit von Alamogordo, wo rastlose südliche Winde im Tularosa-Tal eine gleißende Wüste, die größte der Welt aus Gips, gebaut haben.
Andere Wege versanden im Nirgendwo der Badlands: an Plätzen wie Trinity Site, wo am 16. Juli 1945 die erste Atombombe gezündet wurde. In einer Landschaft, die so lautlos und einsam wirkt, so losgesagt von den Lebensräumen der Menschheit, unter friedlich mäandernden Wolken, probte eine aus den Fugen geratene Welt ihren eigenen Untergang.
Überall hebt und senkt sich das Land, überall Weitwinkelblicke, Raubvögel gleiten darüber hin. Argwöhnische Forts, wie Selden oder Craig, längst Geschichte, bewachen abweisend und böse den graubraun fließenden Rio Grande, als tauchten aus seinen Nebeln noch immer kriegerische Indianer auf.
Viele alte Geschichten liegen in der Luft. Der verheißungsvolle Glanz von der *Villa Real de Santa Fé de San Francisco de Asís*, der königlichen Stadt vom heiligen Glauben des heiligen Franziskus, überstrahlt jedoch alle Orte, die man durchfährt. Er überstrahlt auch Albuquerque, die hektische, die moderne, die weitaus größere Stadt.
Santa Fe, Santa Fe Railway, Santa Fe Trail: Begriffe, die tapfere, wilde Bubenträume auslösen. Einmal Desperado, einmal Indianer, einmal Trapper sein, auf ungesattelten Mustangs der Rauchfahne des Zuges nachjagen, vom großen Manitu träumen oder mit grimmiger Entschlossenheit, allen Gefahren trotzend, die Postkutsche sicher nach Independence, Missouri, geleiten.
Doch die Realität hält den flimmernden Täuschbildern der Filmwelt nicht mehr stand. Nur nachts wird Santa Fe, die 2 100 Meter hoch gelegene Stadt, wieder zur Traumkulisse. Der Mond schlingt die Sangre de Cristo Mountains, die sich bei Sonnenuntergang blutrot färben, wie einen schwarzen Rahmen um die indianische, spanische, angloamerikanische Stadt. Ihre eigenen Lichter flammen weich aus kleinen Fenstern in den niedrigen Häusern.
Kein Wolkenkratzer verunziert das hohe Tafelland, die erdfarbenen, flachen Adobehäuser, die so wuchtig und doch so weich wirken, ducken sich und scheinen in den Mutterboden zurückkehren zu wollen. Das nächtliche Dunkel nimmt sie sanft auf. All die Bauten aus sonnegetrockneten Ziegeln, aus einem mit Pflanzenmaterial gemischten Lehm oder die nachgebauten aus gerundeter Zementhaut in der Nähe der *Plaza* (Marktplatz), sind dann nur mehr Kontur.
Die Stadt verordnete sich im Zentrum auch für Neubauten den asymmetrischen Baustil der Puebloindianer und gab sich, nostalgisch gestimmt, die warmen Brauntöne aus vergangenen Zeiten. Es wurde eine schöne Zelle daraus, die allerdings von den gesichtslosen Bauten der Gegenwart, auch von Slums, eingekreist wird.
Jahrhundertelang, bis die Spanier zu Ende des 16. Jahrhunderts began-

▷ **Santa Fe/Adobehäuser**

nen, das Territorium von New Mexico zu erobern, stand auf dem Boden von Santa Fe ein indianischer Pueblo. Die Spanier zerstörten ihn, überbauten ihn 1614 mit einer kastilischen Plaza und dem Palast im Stil einer Hazienda für den spanischen Gouverneur.

Auf dem Platz trafen die Wagenkolonnen des Santa Fe Trail, des Camino Real aus Mexiko und die wilden Reiter des Outlaw Trail aufeinander. Hier wurde gefeiert, gelacht, gebetet, gewettet, gekämpft und gehenkt.

Die kriegerische Geschichte Santa Fes ist lang, sie ist wechselhaft und blutig, die festgestampfte Erde unter den Tamariskenbäumen neben der St.-Francis-Kathedrale hat viel gesehen, bis New Mexico 1912 zum 47. Bundesstaat der USA aufrückte. Kulturen wurden in Santa Fe wie Waren getauscht oder gestapelt. Die geschlagenen Mestizen mit indianischem und spanischem Blut konnten mit dem Tempo der Zeit nicht Schritt halten. Es sieht aus, als bewegten sie sich noch heute mit Vorsicht auf den Straßen, hellhörig, wie Wild auf dem Pfad, stets auf böse Überraschungen gefaßt. Sie wurden arm auf dem Boden des einstigen Pueblo de Analca, und der weiße Mann, der sich in ihre Architektur so sehr verliebte, daß er sie nachahmte und sich sogar verordnete, wurde dabei reich.

Santa Fe hat den Pueblostil imitiert und mit seinem traditionsbewußten Stadtbild Künstler, weit über hundert Galerien und ein bedeutendes Kunstfestival angelockt. Der Ort hat sich dennoch weit von seiner Vergangenheit entfernt.

Unter den Arkaden des Palace of the Governor zeigen die Indianer der umliegenden Pueblos mit reglosen, versteinerten Mienen ihr Kunsthandwerk. Nur die wenigsten Kunden wissen, daß die in Silber gefaßten Türkise im indianischen Selbstverständnis mehr sind als nur Schmuck, daß ein warmer, beschützender Zauber und heilende Kräfte von ihnen ausgehen. Daß die Keramik, die begabte Töpferinnen herstellten, eine Seele hat, daß die Kachina-Puppen aus dem Wurzelholz des Cottonwood-Baumes weit über die Funktion eines Spielzeuges hinausgehen. Erst als Souvenirs, in den Händen der Touristen aus aller Welt, werden die Dinge leblos.

Am Rande der Plaza, von einer der gußeisernen Bänke aus, kann man dem Theater in der schönen Kulisse, die Santa Fe heißt, zusehen. All den Amerikanern, die beim Indian Market im August echte und nachgeahmte Souvenirs der Ureinwohner kaufen, die mit großen Augen spanische Kolonialarchitektur bestaunen und scharfe mexikanische Gerichte essen.

Doch die Santafesinos wissen: Dies ist, trotz aller Zuneigung zum unamerikanischen *Way of Life*, eine harte, merkantile, zuweilen rüde Stadt, die längst von der angloamerikanischen Kultur und Unkultur bedroht ist.

Nur einmal im Jahr, zur Fiesta de Santa Fe, wenn die riesige Zozobra-Puppe als Symbol der schlechten Laune und des Griesgrams öffentlich verbrannt wird, feiern alle Bewohner gemeinsam. Das Fest, einstmals im Dschungel der Geschichte, der Eroberung und Rückeroberung, ins Leben gerufen, hat schon seit langem seine Ursprünge verdrängt und vergessen.

Nur in den Dörfern der Sangre de Cristo Mountains lebt die spanisch-katholische Tradition unverändert weiter. Der Zauberwald, in dem sich die Volksseele trifft, ist hier die Kirche, ein Zufluchtsort für Hoffnung in bescheidener Münze, eine Trostburg. In ihr flüchten die Menschen aus der Gegenwart, ihre Persönlichkeit schlüpft in ein Tauschkleid.

In der Osterwoche sind sie Jesus auf dem Kreuzweg. Ihre Seelen sind entrückt, die Phantasie treibt sie in einen Strom, der Strom spült sie zur Richtstätte. Es ist, als stürben sie nicht nur symbolisch am Kreuz, auch wenn die Rituale der Bußfertigen mittlerweile unblutig vollzogen werden.

Seit Generationen zieht es die Künstler auch nach Taos, einen magischen Ort auf einer weiten Hochebene im Norden, zu Füßen des Mount Wheeler. Georgia O'Keeffe malte im klaren, reinen Licht der riesigen Halbwüste, D. H. Lawrence schöpfte hier Inspiration, der Psychoanalytiker Carl Jung fand unter dem fahlen, hohen Himmel ein weites Feld der Seele.

Taos ist wohl der älteste bewohnte Ort der Vereinigten Staaten. Im Taos Pueblo, unweit außerhalb, unter dem »heiligen Berg«, leben noch 1 500 Indianer in ihren festungsartigen, teilweise mehrstöckigen Adobehäusern. Sie wohnen in aufwärts geschichteten Bienenwaben, mit schmalen Toren und winzigen unverglasten Fenstern. Die achthundertjährigen Wehr- und Gemeinschaftswohnstätten sehen aus, als wären sie aus fließendem Lehm in weichen, runden, unregelmäßigen Formen gebacken und durch Holzstämme zusammengehalten worden.

Sie strahlen Geborgenheit aus, in ihnen ist Nähe und Gemeinsamkeit, Schatten und Sommerkühle, doch sie verbargen einst auch Trotz und Rebellion gegen die spanischen Konquistadoren. In ihren Mauern, in den tief liegenden *Kivas* (große Versammlungsräume) finden beim Schein von Talglichtern noch immer uralte geheimnisvolle Kulte statt, aber die touristische Zurschaustellung der Pueblos nagt längst an den Grundfesten dieser alten Kultur. Dennoch führt hier eine geheimnisvolle Tür ins Gestern. Sie verlockt zu einer Fahrt zum Chaco Canyon National Monument. Dort erzählen große und kleine Ruinen aus prähistorischer Pueblozeit, erzählt eine Kliffsiedlung von den verschwundenen Anasazi-Indianern, steht das Pueblo Bonito, groß und geheimnisumwittert, ein Halbrund, das Häuser und ringförmige, halb unterirdische Kultstätten umfaßte. In der erdbraunen Weite, im Canyon des Chaco River, blühte im 12. Jahrhundert für kurze Zeit eine urbane Hochkultur. Hundert Jahre später war der Canyon wieder still und menschenleer, eine Totensiedlung. Niemand weiß, warum. Das Tor zum mysteriösen Gestern, zu den direkten Vorfahren der Puebloindianer blieb bis heute verschlossen.

Doch auch das Tor zum Morgen liegt nicht weit von Santa Fe. In Los Alamos wurde es von den Wissenschaftlern Robert Oppenheimer, Enrico Fermi, Niels Bohr und Edward Teller aufgestoßen. In der epochemachenden Geheimsache *Manhattan-Project* erarbeiteten brillante Köpfe die Grundlagen zur ersten Atombombe. Ein gutes Tor war es nicht.

Zwei große Routen führen in das Land westlich von Santa Fe, das im Grunde genommen die weiten Gebiete im Westen des Rio Grande umfaßt. Die eine Route führt über Albuquerque nach Flagstaff, mit möglichen Abstechern ins Canyonland, nach Los Angeles. Sie folgt – zumindest in Gedanken – der berühmten Route 66, die einst von Chicago bis Los Angeles führte. Nat King Cole besang sie, Henry Miller pries sie als »schwarze Schlange, die in den Himmel führt«, und in vielen Träumen spielte die *Sixty-Six* den Part vom Aufbruch in das Sehnsuchtsland.

Es gibt die Route nur mehr teilweise, sie wurde aufgelassen, Gras wuchs auf den Fahrstreifen, die Interstate Autobahn hat sie längst abgelöst und bindet kühl die Augenwunder der Staaten aneinander: Petrified Forest mit 200 Millionen Jahre alten, zu Achat versteinerten Stämmen, die großartige, bunte Trostlosigkeit von Painted Desert, den durch einen Meteoriteneinschlag verursachten Meteor Crater und die Mojave-Wüste mit ihrer spärlichen Vegetation.

Die zweite Route setzt unsere texanische Reise ab El Paso durch New Mexico und Arizona bis Kalifornien fort.

Zunächst Ebene, nichts als Ebene, Wanderdünen, Yuccabäume in Kolonien, deren Fasern die Indianer für Flechtarbeiten verwenden, Baumwollfelder bei Las Cruces. Wehrlos liegt das Land unter der Hitze ausgebreitet, stolz und staubig stehen die gabelförmig verzweigten Saguaro-Kakteen wie Wächter der Wüste am Wegrand. Ohne sichtbare Zäsur, zwischen Kaktus und Kaktus, geht New Mexico westlich von Lordsburg in Arizona über.

Arizona ist das touristische Hätschelkind der Nation. Es erstreckt sich vom hochgelegenen Colorado-Plateau mit den Naturwundern des Grand Canyon über ein weitgedehntes, vom Gila River durchflossenes Stufenland südwärts durch das Tiefland der Sonara-Wüste bis zur mexikanischen Grenze. Der südliche Teil, den unsere Route hier quert, ist Wüstenland, Indianerland, ehemals mexikanischer Boden.

Bei Tucson stehen die Kandelaberkakteen in Wäldern, riesengroß und von natürlicher Maßlosigkeit. Im Mittagsglühen, das alle Gedanken kraus und phantasievoll macht, erscheinen sie einem wie graue, verdurstende Gespensterheere auf der nie endenden Suche nach Wasser.

Tucson, die Sommerstadt für den Winter, lebt vom Atem der Sonora-Wüste, vom perfekten Klima, vom blitzblauen Himmel, von trockener Luft, sie lebt vom Atom, von Gelehrten, von Grundstücksspekulanten, sie lebt in einem Ring unterirdischer Raketenabschußbasen, die nachts wie Irrlichter aus dem Dunkel leuchten. In die einstige Metropole der Revolverhelden und Spieler, der Apachenkrieger und der berühmten Räuber, die im Boothill-Friedhof der nahen Geisterstadt Tombstone begraben liegen, lockt nun High Tech. Die Jesuiten hatten sich das einst wohl alles anders ausgedacht, als Padre Eusebio Kino um 1700 den Grundstein zur Mission der Indianer, San Xavier del Bac, die »Weiße Taube der Wüste«, wenige Kilometer südlich von Tucson legte.

Der Sand hat die Mauern der Mission geschärft und glatt poliert, das Licht umfängt das spanische Gotteshaus, doch die Kirche trägt unverkennbar maurische Züge, und die Kuppel des Glaubens ragt wie die von Gebeten aufgestoßene Kuppel einer Moschee auf.

Dabei ist das Innere der Kirche bunt und verwirrend, bizarr überladen und einschüchternd. Die Seelen der Indianer sollten über ein Augenspektakel auf einen Weg geführt werden, der kein Zurück zuließ.

Tucson tritt mit gespaltener, mit

spanisch-amerikanischer, mit durch die University of Arizona gebildeter und westernrauher Persönlichkeit auf. Sein Wüstenmuseum ist eine der schönsten Anlagen der Welt. In einem Tunnelbau kann man die Wüstentiere, die in den violetten Nächten aktiv werden, in Höhlen und Gräben, in ihrer natürlichen Umgebung, fernab von der heißen Tagessonne, sehen. Dies ist ein Vorgeschmack oder eine Ergänzung zum Organ Pipe Cactus National Monument im Süden, dicht an der mexikanischen Grenze.

Wer von blühenden Wüsten träumt: Hier, an der Südwestgrenze des Papago-Reservats, kann er sie finden. Ganz dünnschalig scheinen sie unter der grellen Lichthaube, wenn bei Frühlingsbeginn der weiße Wüstenmohn und die blauen Lupinen blühen, wenn sich der Igelkaktus etwas später in Purpur hüllt, wenn die Riesenkakteen Ende Mai ihre Farben wie weiße Lichter anstecken und die Kreosotbüsche süß duften. Wenn die stacheligen Orgelpfeifenkakteen ihre lavendelfarbenen Blüten ausbilden und der Palo Verde sich in leuchtendes Gelb hüllt.

Für zwei kurze Monate verwandelt sich die Wüste in eine Oase von großer Zartheit. Aber schon wenig später hat die Sonne das Blütenwunder verbrannt, und zurück bleibt das Grau der Steine, der Sand, die Klapperschlangen, die Skorpione, und selbst die Farbe der Kakteen gleitet unter dem Glutball der Sonne ins farblos Erdige ab.

Es ist der Sommer, der das Land wie mit brennenden Pfeilen schlägt, es ist der Winter, der es streichelt und all die *Snowbirds*, die agilen alten Leute aus dem kühlen Norden, mit Wohnmobilen der Sonne entgegen ziehen läßt.

Im Valley of the Sun nahe der wüstenhaften Metropole Phoenix sind die Nistplätze der menschlichen Zugvögel. In Sun City, die gleichförmigen weißen Häuser wie Kreidekreise in die von Natur aus karge Landschaft gesetzt, leben 50 000 Senioren gelassen dem Tod entgegen.

Unsere Reise führt jedoch südlich von Phoenix über Casa Grande durch das Herz der Sonora-Wüste. Bergketten legen sich quer und begrenzen den Blick. Täler wurden durch intensive Berieselung fruchtbar gemacht.

Über die intensiv gelben Sommerblüten der Baumwolle ziehen indes häufig lange Staubfahnen hin. Sandstürme brechen urplötzlich aus und färben die eben noch heile Welt in Braungrau und Braunviolett ein. Der Ruf der Coyoten beherrscht die Wüstenkühle der Nächte.

Bei Yuma, das einen alten Indianernamen trägt, trifft man wieder auf den Colorado River. Doch was ist aus dem stolzen, wilden Fluß geworden, der mit geballter Kraft Hochebenen zerschnitt und seine Canyonlandschaft so großartig schürfte? Er, der ein Zwölftel des US-Bodens entwässert, ist im Süden alt und müde, verbraucht, wie von Vampiren leergesogen. Man hat ihn zu oft gestaut und zu oft zur Ader gelassen, die Erde Arizonas und Kaliforniens war zu durstig, nach Mexiko rinnt nur mehr ein versandender salziger Wasserfaden. Die Vereinigten Staaten haben sich ihres Lieblingsflusses mit geballter Macht bedient.

Doch auch das haben sie aus dem Colorado gemacht: Westlich von Yuma dehnt sich das ehemalige Wüstengebiet des Imperial Valley im Süden der Salton Sea, grün bis zum Horizont, voll von Dattelplantagen und Zitruswäldern. Weizen wächst hier. Palmen wiegen sich im Wind. Kalifornien ist erreicht. Nach San Diego fährt die Hoffnung mit, den Staub der langen Reise, den Sand der Wüsten alsbald im Wasser des Pazifiks abzuwaschen.

▷ **Chaco Canyon National Monument/Ruinen der Anasazi**
Die tausendjährigen Ruinen der altindianischen Siedlung sind beinahe mit den Felsen verwachsen. Die Rätsel um ihre früheren Bewohner konnten noch nicht gelöst werden.

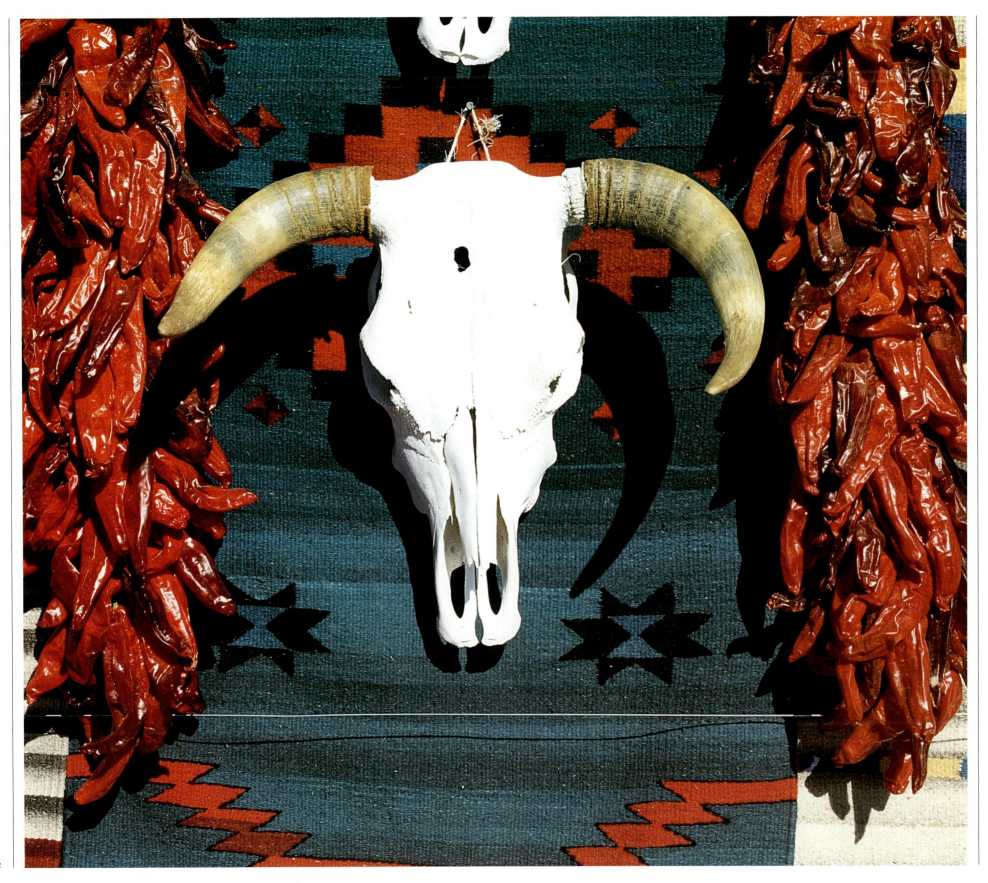

◁ **Santa Fe/Souvenirladen**
In The City Different, *der Stadt, die ein wenig anders ist, werden auch die Longhorn-Trophäen im Souvenirladen wie Kunstwerke präsentiert.*

▽ **Shiprock/Indianer im Originalkostüm**
Navajo-Indianer haben die traditionellen Werte, die religiösen Zeremonien und die alten Trachten so gut, wie es eben ging, bewahrt.

▽ **Petrified Forest National Park**
Versteinertes Holz aus der Urzeit, durch Einsickerung von Wasser mit buntem, kristallisiertem Quarz durchsetzt, liegt verstreut über der Hochebene.

▷ **Tucson/Mission San Xavier del Bac**
Man nannte sie die »Weiße Taube der Wüste«. Ein Juwel barocker spanischer Architektur ist die Mission San Xavier del Bac südlich von Tucson.

◁ **Los Alamos/Oppenheimer Drive**
Lange Zeit war das »Manhattan-Project« Geheimsache und die Forschungsstätte verbotenes Terrain. In Los Alamos wurde die erste Atombombe entwickelt und gebaut.

▷ **Phoenix/Skyline**
Die Hauptstadt Arizonas ist eine Oase in der Sonora-Wüste. Längst wachsen die modernen Bauten turmhoch über die älteren, im Kolonialstil errichteten Häuser hinaus.

▽ **Tucson/Western Film Park**
Alte Träume und nostalgische Illusionen vom Wilden Westen werden in »Old Tucson« wahr. Filmemacher zählen hier zu den Dauerkunden. Die Kulisse spielt eine Hauptrolle.

▷ **Tombstone/Saloon**
Die Geisterstadt aus der Zeit des Silberbooms ist nur mehr Kopie. Die Verkleidung ein Spiel für Touristen. Die Legenden vom alten Westen kreisen und kreisen.

Zwischen Fels und Gischt: die Pazifikküste

San Francisco: Zuweilen taucht die Stadt wie ein Mysterium aus dem goldgeränderten Morgennebel auf, den der Pazifik durch das Goldene Tor schickt. Dann wirkt sie fragil, ihr schönster Wolkenkratzer, das Transamerica Building, wird zur begreifbaren Skulptur, ihre 42 versteinerten Hügel wogen sanft, und ein rosafarbenes Licht steigt gemächlich von den kahlen Gipfeln der Twin Peaks in die erwachenden Viertel der Metropole ab.

Welch ein Mut, eine Stadt zwischen die unregelmäßig geraffte Hügelhaut der Gebirgsketten an der Westküste zu pflastern, auf eine buckelige, schmale Halbinselspitze zwischen San Francisco Bay und dem Pazifischen Ozean, der hier kühl und rauh die Südsee verleugnet.

Welch ein Mut, die über 1 100 Kilometer lange und dreißig Kilometer tiefe San-Andreas-Spalte, an der sich zwei kontinentgroße Schollen gegenläufig und grollend verschieben, kühl zu ignorieren.

Doch San Francisco wurde nicht als Stadt gegründet, es ist im Laufe der Zeit schicksalhaft gewachsen. Ohlonen- und Miwok-Indianer lebten einst viele Jahrhunderte friedlich in den Wäldern an der Bucht, bis die frommen spanischen Padres kamen, um von der Mission San Francisco de Asís aus die kalifornische Küste zu christianisieren. Die Padres brachten den guten, liebenden Gott, den rechten Glauben und die *Californios* genannten, spanisch-mexikanischen Siedler mit. Der Platz gefiel ihnen, die heidnischen Indianer jedoch verloren durch den Siegeszug der Missionare Land und Leben.

Die neuen Eigentümer gründeten ein kleines Dorf in der weiten Bucht und gaben ihm den Namen *El Paraje de Yerba Buena*, »Ort der guten Kräuter«. Es durfte jahrzehntelang blühen und wachsen, bis die USA 1848 alles mexikanische Land nördlich des Gila River in ihren Besitz brachten. Aus dem kleinen Tal der guten Kräuter wurde San Francisco.

Doch das neue amerikanische Städtchen hatte keine Zeit, um Luft zu holen und durchzuatmen. Schon ein Jahr später brach in den Hügeln der kalifornischen Sierra das Goldfieber aus. Glücksritter und Abenteurer kamen aus allen Teilen der Welt, umschifften Kap Hoorn, segelten über den Pazifik, um San Francisco Bay als Startplatz zum Wettrennen auf die Claims am Sacramento River zu benützen.

Das einst mexikanisch-spanisch verträumte Städtchen wurde zur rastlosen Durchgangsstation, es wurde aus Zeltlagern, aus Buden, aus Bretterverschlägen errichtet und verkam in Windeseile zum unrühmlichen Slum. Alle, die *with a washbowl on my knee* (mit einer Waschschüssel auf dem Knie) hierher kamen, reisten nur den Verlockungen des Goldes hinterher.

Gold und die 1869 fertiggestellte Central Pacific Railway machten San Francisco zu dem, was es wurde. Der herrlich gelegene Platz am Golden Gate wuchs aus Eifer, aus Gier, aus Notwendigkeit, aus Lebenslust, er wuchs hemmungslos an die Küste und in die Mimosentäler des Südens und repräsentierte den verstädterten, rüden Westen mit allen Spielarten von Laster und Luxus.

Die Stadt wurde groß, eines der bedeutendsten Handelszentren der USA, sie ging 1906, am frühen Morgen eines Frühlingstages, im Inferno eines Erdbebens und nachfolgender Brände beinahe unter. Doch sehr schnell entstand sie neu – schöner als je zuvor.

San Francisco, so weiß, so dicht, so hügelig, als hätte der Stab eines Zauberers die Pazifikwogen versteinert, ist von einzigartiger Faszination. Die Stadt besitzt wenige Sehenswürdigkeiten im eigentlichen Sinn, aber Oasen, die immer wieder zur Liebe verführen.

Da fliegen die Nebelschwaden über

▷ **San Francisco/Downtown und Telegraph Hill bei Nacht**

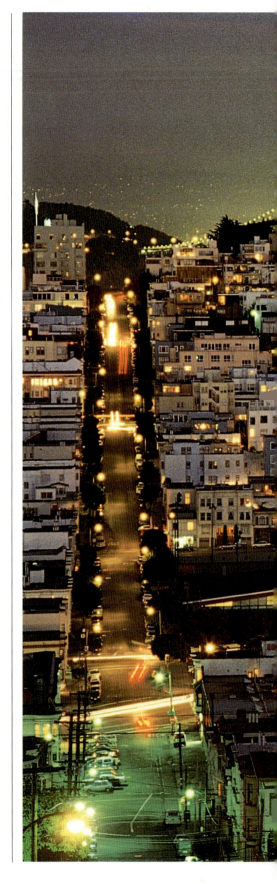

die Golden Gate Bridge, die schönste Hängebrücke der Welt, wie die Schleier einer Märchenprinzessin. Da rumpeln die nostalgischen Cable Cars über steile Straßen zum Nob Hill und Russian Hill, an betulichen viktorianischen Häusern vorüber. Da hüllt die Stille die Mondbrücken des Japanischen Teegartens im Golden Gate Park ein. Da blühen noch immer die Hortensien in der Lombard Street, und die Autofahrer kurven mühevoll um die Blumenrabatten der krummsten Straße der Welt. Da kann man im lauten, dichten Gewühl von Chinatown, in den Seitenstraßen der Grant Avenue noch immer kostbare Mingschalen oder Tuschzeichnungen finden, und in den aufgehängten Käfigen singen bunte Vögel. Es gibt auch noch Fischer an Fisherman's Wharf, sie sind allerdings längst Unternehmer geworden und entführen Reisende aus dem Trubel der Großstadt in die Stille des Ozeans.

Noch immer gibt es aber die Hausbootkolonien in Sausalito, die nach alternativen Lebensformen gieren, und noch immer geht hinter den Seal Rocks die Sonne wie ein rotgoldener Ball so groß, so spektakulär und doch so unendlich melancholisch unter.

Das grenzenlose Land des Goldes und des Glücks übte auf viele, allzu viele, eine unwiderstehliche Anziehungskraft aus. Der Westen war als Land der Weite, der großen Freiheit, der unerschöpflichen Möglichkeiten immer das Ziel menschlicher Sehnsucht: *Go West, young man*. Alle, die kamen, wurden von der schönen, kosmopolitischen, toleranten Stadt aufgesogen.

Sie gaben ihr Farbe und bescherten ihr neue Ideen. In San Francisco wurden die Blumenkinder und die Beatniks geboren, die Stadt hat Jesus People und Freaks hervorgebracht, sie hat die Anhänger vieler Gurus und die traurigen Jünger auf dem Trip in ein irdisches Nirwana an sich gezogen. Hier wurde die Philosophie des New Age erdacht und die Whole-Earth-Bewegung in Szene gesetzt. Schamanen, Gesundbeter und selbsternannte Heilige, zu denen Gott spricht, die Gott hören, die ihrer Götter Wort meistbietend verkaufen, fanden ein weites Feld. Doch die vitale Metropole hat nur wenige Versuche unternommen, um die Menschen zu assimilieren. Individualität blieb eine Art von Lohn und eine Art von Last. Die Opfer aller Sehnsüchte und Süchte, des alternativen und des lasterhaften Lebens werden mit ihren Schicksalen allein gelassen. In der Stadt des Golden Nugget herrscht die Toleranz, die leben und sterben läßt.

Jenseits von San Francisco Bay, über der bei Wind leise schwingenden Brücke, liegt Berkeley mit seiner University of California. Ihr Sather Tower genannter Glockenturm wurde 1914 als Nachbildung des Markusturmes von Venedig errichtet. Von oben hat man eine herrliche Aussicht über den Campus. Wer Jahre an einer europäischen Universität verbracht hat, wird sein Grün, seine Parks, die hellen, durchsonnten Säle, die reichen Bibliotheken, die unendlichen Entfaltungsmöglichkeiten neidvoll bestaunen.

Hier kann man arbeiten, denken, hier wuchsen 21 Nobelpreisträger heran, hier kann man forschen. Grenzenlos forschen, wie Edward Teller, »der Vater der Wasserstoffbombe«, bewies. Unter Kaliforniens Himmel, im Lawrence Livermore Laboratory, das im sanften, fruchtbaren Tal am Mount Diablo steht, werden die Kernwaffen der USA erdacht. Hier befindet sich aber auch die größte Laseranlage der Welt, die einmal die Kraft der Sonne, die in Kalifornien so unermeßlich groß erscheint, auf die Erde holen soll.

Pacific Scenic Parkway: Er führt aus San Francisco nach Süden, scheinbar geradewegs in diese phantastische kalifornische Sonne hinein. Die Sonne blendet. Ein goldenes Stück Glas hängt am Himmel und sendet Lichtwellen aus, die wie schnell sausende Pfeile das Gemüt und manchmal auch den Verstand treffen. Kalifornien macht tiefsinnig und hellsichtig, es weckt den Erfindergeist, das Land legt Fallen aus, und alle Träumer, Nonkonformisten, Phantasten und Visionäre fangen sich darin.

Kaliforniens Küste ist schön, von jener herben Schönheit, die auch die europäischen Rivieren auszeichnet. Doch das Land ist kein reines Idyll. Im Südwesten von San Francisco, wo Mussel Rock liegt, taucht die berüchtigte San-Andreas-Spalte verschwiegen ins Meer. Hier ist der gefährliche, dreißig Kilometer tiefe Riß im Leib der Erde kaum auszumachen.

Grundstücksspekulanten haben den apokalyptischen Boden häppchenweise mit durchschlagendem Erfolg verkauft. Nun stehen die kleinen, weißen und pastellfarbenen Reihenhäuser von Daly City darauf, hoch über dem Abgrund, ordentlich gefaßt wie skurrile Perlenschnüre, die sich sanft über Abgründe legen.

Ihre Zäune, ihre Vorgärten, ihre gelben Ringelblumen, die lilafarbenen Thymianpolster auf den nackten Felsen kriechen unendlich langsam, aber unaufhaltsam immer näher an den Klippenrand heran. Leichte Beben schütteln die Last der über-

bauten Erde in Miniportionen über die Steilküste hinunter.
Blind taumeln die Häuser der ersten Reihe näher und immer näher an die Arme des Ozeans heran. Doch unter dem blauen Himmel Kaliforniens, im Postkartenland der Schönheit, der Verheißungen, auf dem Boden wildwuchernder Sekten, die allerlei Erlösungen versprechen, hat Kleinmut keinen Platz. Bewohner von Daly City, die einen Kontinent durchmessen haben, um der goldenen pazifischen Sonne ins Auge zu sehen, lassen sich ihre wahrgewordenen Träume auch von einem möglichen Erdbeben nicht zerstören.
Highway 1 ist die gewundene, routenverlängernde Traumstraße, die über Pacifica und Half Moon Bay, im Vorland von San Mateo County und der beinahe parallel zur Küste verlaufenden San-Andreas-Verwerfung, nach Süden führt. Und wenn der Himmel sich in kräftigem Blau wölbt und die Zypressen reglos stehen, möchte sich jeder an der Küste von Monterey Bay ansiedeln. Es gibt letztlich keine Erklärung für diese wortlose Liebe der Menschen zum Grün und den Felsen, den lavendelfarbenen Wicken, deren Samen aus dem Lompoc Valley, dem Tal der geheimnisvollen Blumengärtner, herübergeweht wurden, und dem Blau des Pazifiks.

Monterey war einst die Hauptstadt des spanischen und des mexikanischen Kaliforniens. John Steinbeck setzte ihr in seinem Roman *Cannery Row (Die Straße der Ölsardinen)* ein literarisches Denkmal.
Doch die Sardinenschwärme blieben längst aus, die Fabrikstraße wurde zur Eßstraße und eine leerstehende Konservenfabrik zum Monterey Bay Aquarium, das die grandiose Unterwasserwelt in ein Ausstellungsbecken preßte. Es ist ein naturalistisches Meerestheater mit künstlichen Brandungswellen, die sich an künstlichen Felsen aus Harz, Plastik und Beton brechen.
Nur die Bewohner des Aquariumbiotops sind echt, ebenso wie die wild wuchernden Tangwälder. Doch die Fische werden gefüttert, ihre Menüs werden in einer Spezialitätenküche sorgfältig zubereitet, selbst die Haie leben in Beckengrenzen und werden dick, träge und apathisch. Wie sehr müssen sie ihre Artgenossen beneiden oder die Wale, die See-Elefanten, die weit draußen, frei und munter, durch die Bucht ziehen. Vielleicht auch die Monarchfalter, die im späten Oktober wolkenweise aus den kanadischen Rockies einfliegen, um sich in einem Pinienhain bei Pacific Grove niederzulassen.
Der 17-Mile-Drive zwischen Monterey und Carmel schlängelt sich um

braune Felswände, an Zypressen vorüber, die sich gekrümmt, asymmetrisch gezaust, wie groß gewachsene Bonsais, an die Tafelküste drängen. Sie sind schön und äußerst selten, sie blieben aus dem Pliozän übrig und wählten acht kalifornische Küstenkilometer aus, um hier zu überleben. Luxusvillen verbergen sich im Baumschatten, Golfplätze machen sich breit, Amerikas Wohlhabende haben die bizarre Schönheit der Landschaft exklusiv vereinnahmt.
Am Südende der Monterey Bucht, am mondsichelförmigen Sandstrand, liegt Carmel, einst eine Lieblingsoase für Schriftsteller und Künstler. Sinclair Lewis, Robinson Jeffers, Jack London lebten vor einem halben Jahrhundert hier. Nostalgische Künstlichkeit prägt die putzigen Häuschen und das blumenübersäte dörfliche Ambiente der Pionierzeit. Die kleinen Häuser sind jedoch längst für Künstler zu teuer geworden, sie wurden zu Boutiquen, und wohlhabende Bürger kaufen sich hier in eine selbstgezimmerte Vergangenheit ein, die es so nie gegeben hat.
Die wirkliche Vergangenheit, das ist die um 1770 im Indianerland der Ohlonen gegründete Franziskanermission San Carlos Borromeo de Carmelo südlich der Stadt, das ist die Holzskulptur der Jungfrau, die

Padre Junipero Serra mitbrachte. Eine Skulptur aus Mexiko für mexikanische Siedler, die nun in Carmel keinen Platz mehr haben. Das Städtchen mit den wohlsortierten Einwohnern ist im Trubel der Besucher laut geworden.
Wie schön, wie erholsam ist es doch, auf den Trails von Point Lobos zwischen moosigen Krüppelhölzern die blaue See blitzen zu sehen und einsam, auf Felsbrocken sitzend, die Gesellschaft der Kormorane zu suchen. Highway 1 umrundet luftig, zuweilen fast schwebend, die Küstenfelsen der Santa Lucia Range. Einsamkeit ist hier angesagt. Weite. Eine wilde Riviera tut sich auf, innig ineinander verwobenes Gestrüpp, kriechende Bäume, ein zausender Wind, weiße Gischt wie flockende Baumwollblüten: Big Sur. Der Landstrich mit den Ausläufern des Küstengebirges, mit schmalen Canyons und mächtigen Redwoods ist nach dem Rio Grande del Sur, der die Santa Lucia Range durchbricht, benannt.
Henry Miller lebte viele Jahre in der Einsamkeit des Big Sur, in einer Hütte auf dem Partington Ridge. »Hier herrscht der Friede der Natur, der Friede Gottes und die heitere Geborgenheit«, schrieb er im Vorwort zu seinem autobiographischen Buch *Big Sur und die Orangen des Hieronymus Bosch.*

Viele Kilometer weit genießt man die Einsicht in eine trotzige Natur, die sich den Annehmlichkeiten und den Häßlichkeiten der Moderne verweigert. Jede Kurve bringt neue Bilder, sich sonnende Robben, spielende Seeotter, Nebelschwaden, die wie Vorhänge das schöne Bild verhüllen.

Bei San Simeon weist ein Schild den Weg zu William Randolph Hearsts Traumschloß. Ein Zeitungsmilliardär ließ bauen. Griechisch, römisch, britisch, mexikanisch, ein universaler Stilmischmasch hoch über den Klippen, eine Disney-Wirklichkeit, von sprühendem Licht umhüllt. Amerikaner lieben das inzwischen zum State Historic Monument gewordene Schloß.

Bei San Luis Obispo trifft der Highway 1 auf die Straße der Eiligen, die 101. Sie ist durch das Tal von Salinas gezogen, durch rollende grüne Hügel, zwischen unendlichen Salat- und Gemüsefeldern, auf denen die Enkel der einstigen Landesherren nun als Lohnarbeiter ein eher elendes Leben führen.

Versteckt zieht das Lompoc-Valley unweit von Gaviota Pass der Küste zu. Es ist ein Fest für das Auge. Riesige farbige Rechtecke überziehen hier den Boden, Blumen werden in gewaltigen Teppichen angepflanzt, ein Drittel des internationalen Blumensamenbedarfs wird vom Lompoc-Tal gedeckt. Die kräftige Sonne Südkaliforniens, der Nebel, der morgens über das Tal zieht, und die reichen Winterregen lassen prächtige Ergebnisse zu. In einer botanischen Hexenküche wird gedacht, versucht, fast Wunder gewirkt, und es entstehen immer neue Züchtungen.

Santa Barbara entstand nach dem Erdbeben von 1925 neu im spanischen Kolonialstil. Palmen mit unendlich kleinen Köpfen auf unendlich langen Hälsen biegen sich im Wind, biegen sich über die Gebäude mit den roten Dachziegeln, wie Blumen, die zu hoch hinaus wollten. New Yorker verbringen mit Leidenschaft ihren Lebensabend hier, lassen im Segelhafen Yachten dümpeln und stehen abends, wenn die Sonne in einem unvergleichlichen Rosa untergeht, auf dem Pier von Stearns Wharf und blicken auf die Ölbohrinseln an der Küste, deren Türme wie skurrile schwarze Graphiken über dem Wasser hängen.

Los Angeles ist nahe. Die spanischen Gründer nannten die Stadt *Pueblo de Nuestra Señora la Reina de Los Angeles de Porciúncula*, Dorf unserer Herrin, der Königin der Engel. Doch die Engel haben mehr als einen Ort, mehr als eine Stadt zusammengetragen. Um die alten Teergruben von La Brea, in denen vor unendlich langer Zeit Saurier, Tiger, Kamele und Adler, größer als Kondore, ihr Leben aushauchten, wuchs seit 200 Jahren Haus um Haus, Viertel um Viertel zu einer beängstigenden, riesenhaften Stadt zusammen.

Die Häuser krochen von einer verschlafenen spanischen Siedlung aus über das unendliche Buschland, über die ebene Steppe, voll von zerzausten Trockenbüschen, die nach Salbei rochen und ein Dorado der Schlangen waren, bis an den Rand der Mojave-Wüste. Häuser wuchsen wie Grashalme.

Doch ihre Vielfalt war nicht botanisch, und ihr überhitztes Wachstum wurde vom Santa Ana angefacht, dem schweren Wind, der aus der Wüste kommt und den Menschen im durchsonnten Blau der Landschaft Traumbilder vorgaukelt.

Im Grunde genommen ist die City of Los Angeles nicht besonders groß, erst die Trabantenstädte der Metropolitan Area, Hollywood, Pasadena, Lakewood, Santa Monica, El Monte, Burbank, Buena Park, Anaheim, Irvine, machen es zu einem riesigen Kunterbunt, einem monströsen Dorf, das nur durch schier endlose Straßen flüchtig zusammengehalten wird.

L.A. wurde als Binnenstadt gegründet und besiedelt. Die Gründer liebten nicht die Küste, sondern die Sonne, die Wärme, die Milde des Klimas am Rand der Wüste.

Nun liegt *Downtown*, das alte müde Herz der Stadt um Olvera Street, über der noch immer der Atem Mexikos weht, weitab vom Meer mit trockenen Füßen. Schöne neue Wolkenkratzer geben dem längst desolat gewordenen Zentrum ein dynamisches Gepräge.

Endlose Straßen mit großen Namen, Sunset Boulevard, Hollywood Freeway, Santa Monica Boulevard, verbinden von hier aus, was sich schlecht zusammenfügt: Millionärsvillen und Elendsquartiere, Gärten und Bohrtürme, Pazifikstrand, künstliche Seen und Wüste.

Auch der legendäre Sunset Boulevard beginnt mit schmutzigen Schuhen in Chinatown, durchmißt die Armut und die Schäbigkeit koreanischer und mexikanischer Viertel, um plötzlich hinter einer Kurve mit dem Schriftzug HOLLYWOOD auf dem steilen Mount Lee zu prunken. Déjà vu, das kennt man längst aus tausend Ansichten, aus abertausend Reportagen, ehe man es zum ersten Mal vor Ort gesehen hat. Hypnotisch angezogen, biegt man in den Hollywood Boulevard ein, um vor Sid Graumans »Mann's Chinese Theater« jene Hand- und Fußabdrücke der Stars zu betrachten, die das leicht entflammbare jugendliche Herz einmal höherschlagen ließen. In dieses Kino, in dem seit 1927 so viele Filme uraufgeführt wurden, gingen sie alle, die Stars mit den großen Namen und die Starlets mit den freundlichen Proportionen. Burt Lancaster, Cary Grant, Rita Hayworth, Gary Cooper, doch ihre Namen sind verblaßt, wie die *Footprints* (Fußabdrücke). Papierschnitzel wehen über die Messingsterne auf dem Gehsteig, Bananenschalen verfaulen, der Beton hat Sprünge, am Ende ist alles Vergangenheit und Melancholie, und Erlebnisse, auf die man sich lange vorher freute, sind in ein paar Sekunden Enttäuschung vorbei. Eigentlich war nur die Vorfreude schön.

Auf der Suche nach der verlorenen Zeit würde man gerne all die Träume zurückholen, die mit den Namen der Stars verknüpft sind. Aber der Hollywood Boulevard gleicht einer unschönen, heruntergekommenen Vorstadtstraße, der berühmte Strip nicht minder, hier zerplatzen die Träume wie Seifenblasen.

Beverly Hills: Die Bergflanken halten nicht, was das schöne, von Palmen beschattete Beverly Hills Hotel verspricht. Sie präsentieren sich als ausgedörrtes Buschland, steinig, felsig. In der aufgerissenen Erde, über steilen Wegen, verbergen sich die Villen von Stars, die so beharrlich Zitadellen des Ruhms gleichen wollen.

Das wasserarme Land sieht jedoch zuweilen sehr traurig und sehr braun aus, so, als gingen permanent Buschfeuer darüber hin, und so erscheinen auch die Paläste schwermütig und farblos, man möchte nicht in ihnen wohnen.

Eher westlich davon im Stadtteil Bel Air, der noch immer am Sunset Boulevard hängt. Hier, vor allem an der Millionaires' Row, sind die Villen in importierte exotische Flora gebettet, niedrig und spanisch, und nur manche sind schloßgroß, hinter kühlen weißen Toren versteckt, von weißen Mauern ummantelt.

Tiefe Stille tagsüber. Verlorenheit. Wachposten. Zwischen Party und Party mag nachts die große Angst wachsen, die selbstgewählte Einsamkeit zwischen Swimmingpool und Tennisplatz könnte eines Tages eine tatsächliche werden.

Der Sunset Boulevard führt kurvenreich weiter, an der University of California vorüber, durch das Shopping-Viertel Westwood Village, durch das schöne, grüne Brentwood und weiter und weiter, bis er auf den Pazifik stößt.

Bei Sonnenuntergang blutet der Himmel, von einem unsäglichen Violettrosa gleitet er ins Rotbraune ab, als reichte der lange Arm der Universal Studios, die der Welt alle Träume und Illusionen, das große Lachen und das große Weinen schenkten, bis hierher an die Küste zwischen Santa Monica und Malibu.

Bisweilen verspürt man Lust, das Stadtungeheuer, das für Besucher der Universal Studios die Erde beben oder den weißen Hai auftauchen läßt und im Kirchentheater des Forest Lawn Memorial Park das Sterben des Herrn mit Blitz und Donner untermalt, rasch zu verlassen. Am Strand von Venice kann man der Sonne frönen, an der Marina del Rey ein Boot mieten und in der Weite des Pazifischen Ozeans tief Luft holen.

Im Südosten, bei Anaheim, liegt Disneyland. Millionen gehen alljährlich durch die Main Street, über den New Orleans Square, fahren mit der Big Montain Railroad durchs Abenteuerland, mit Booten über Dschungelflüsse voller Kunststoffkrokodile, paddeln in Fiberglaskanus über amerikanische Ströme, gleiten durchs Märchenland und lassen sich im Land der Zukunft zu einer irren Reise ins All verführen. Millionen Menschen können nicht irren. *»It's a small world«* liegt als musikalisches Motto über dem Wunderland, das alle Realitäten auslöscht und alle Träume vermarktet.

Weit schwingt der Gulf of Santa Catalina nach San Diego aus. Die Halbinsel Fort Loma war der Ausgangspunkt der spanischen Missionierung Kaliforniens. Auf dem Boden San Diegos errichtete Pater Junipero Serra die schneeweiße Mission San Diego de Alcala, die erste der später 21 kalifornischen Missionen.

Fast 200 Jahre lang wurde an der zweitgrößten Stadt Kaliforniens gebaut, die so sehr von und mit dem Wasser lebt, daß die pazifische Flotte der US-Marine sie zum Heimathafen erwählte. Der Geburtsort Kaliforniens, der mit dem Cabrillo National Monument, einem alten Leuchtturm an der Spitze von Point Loma, der Entdeckung durch Juan Rodriguez Cabrillo im Jahre 1542 gedenkt, ist hübsch. Eine Stadt, groß und weiß, verlockt zum Wohnen und zum Leben.

Von den äußersten Klippen am Strand von La Jolla sieht der Ozean wie ein unermeßlich blauer Teppich mit weißen Säumen aus. Zuweilen kann man wie Schemen im Blau die Islas de Coronados sehen. Sie liegen schon in Mexiko.

◁ **San Francisco/Golden Gate Bridge**
Kunstwerk und Brücke zugleich: Wie eine filigrane Graphik hängt die Golden Gate Bridge über der Meerenge.

▷ **San Francisco/Cable Car**
Lange totgesagt, von Einstellung bedroht, zuletzt von Fans gerettet, fährt die Cable Car noch immer wie in der guten alten Zeit über die steilen Straßen.

▽ **San Francisco/Straßenmusikant**
»Go West« war das Motto einer Epoche. Die Stadt sammelte sie alle, die Rastlosen, die Eigenbrötler, die Gewinner und die Verlierer.

▷ **San Francisco/Blick zur Lombard Street**
Sie ist malerisch und vierzig Prozent steil. Autos schlängeln sich vom Russian Hill über die Lombard Street in zehn engen Haarnadelkehren nach unten.

◁ **San Francisco/Sausalito**
Künstler liebten das Hafenstädtchen jenseits der Golden Gate Bridge seit eh und je. Nun ist das Hausbootviertel ihr bevorzugter Wohnort.

▷ **San Simeon/Hearst Castle**
Hoch über der Cuesta Encantada liegt Hearst Castle, das Märchenschloß des einstigen Zeitungstycoons William Randolph Hearst, mit seinem prächtigen Park.

◁ **Point Lobos**
Impressionen einer aufregenden Landschaft: Grün und tiefes Blau, Blumenpolster zwischen den Felsen, Wolkenfahnen, die über den Pazifik ziehen.

▽ **Big Sur**
Noch schwebt ein Hauch Einsamkeit über der Felsenküste. Mühsam wurde der Highway 1 über schwindelerregende Abgründe in das Gestein geschlagen.

▽ **Santa Barbara/Stearns Wharf**
Die Landschaft macht gelassen, das Wertesystem verschiebt sich, die Zeitbegriffe verwischen, Nonkonformisten fühlen sich hier wohl.

▷ **Los Angeles/Am Strand von Venice**
Walking, Jogging, Biking: *Wie gut es doch tut, sich in der frischen Luft von Venice zu bewegen und den Smog von Los Angeles aus den Lungen zu pressen.*

▽ **Los Angeles/Downtown**
L.A. ist ein Moloch, unbegreiflich groß, ausufernd, endlos, in die Weite gebaut. Die jungen Wolkenkratzer stehen jedoch auf tektonisch unsicherem Boden.

▷ **Los Angeles/Sunset am Sunset Boulevard**
Die letzte Sonne läßt die Palmen zu Scherenschnitten werden. Sie schminkt auch den Sunset Boulevard weich und schön, sie schminkt ihn zum Trugbild.

◁ **Los Angeles/Beverly Hills**
In die Villenstadt der Filmgrößen zieht, wer Erfolg und das nötige Kleingeld hat. Kreative Außenseiter sind zugelassen.

▽ **Los Angeles/Hollywood Boulevard**
Die legendäre Hauptstraße hält nicht, was ihr Ruf verspricht. Über die Namen der illustren Filmstars am Walk of Fame, *dem »Weg des Ruhms«, weht Abfall.*

▽ **Palm Springs/Energiegewinnung mit Windrädern**
Wenn das Wasser knapp ist und nur noch aus heißen Kurquellen sprudelt, bekommen die Windräder wieder eine Chance.

▷ **Carmel/Mission San Carlos Borromeo de Carmelo**
Die Mission San Carlos Borromeo wurde um 1770 im Stammesgebiet der Ohlonen gegründet. Heute ist Carmel ein Fremdenverkehrsort mit spanischem Charakter.

▽ **San Diego/Hafen und Skyline**
Die moderne Silhouette von Amerikas wichtigster Marinebasis an der Pazifikküste bildet den Hintergrund für die vielen im Hafen ankernden Boote.

▷ **San Diego/Point Loma**
Ein Denkmal beim alten Leuchtturm erinnert an Juan Rodriguez Cabrillo, der, in spanischen Diensten stehend, die Bucht 1542 für den fernen König in Besitz nahm.

Land, von der Sonne ausgeglüht: die Wüste

Von Los Angeles aus greifen die Straßen nach der Wüste, sie greifen nach dem dürstenden, trockenen, sandfarbenen, wie von sommerlichen Höllenfeuern ausgeglühten Land, das sich weit hinter den San Gabriel Mountains und hinter dem Cajon Pass ausbreitet.

Wünsche werden wach: Einmal, einmal der erste sein, Schritte in den jungfräulichen Sand setzen, einen Pfad gehen, den noch keiner ging, Spuren finden, die noch keiner fand. Die Mojave-Wüste, benannt nach den Mojave-Indianern, beschert dieses Gefühl großzügig, wenn auch zuweilen lügenhaft.

Pioniere, Glücksritter, Goldsucher, Eisenbahnbauer, Dichter und Denker, Outlaws, Mystiker und Menschenfeinde, Touristen, selbst Großstädter gingen hier schon, aber der Wind verwischt die Menschenspuren täglich von neuem und gestaltet die Landschaft immer wieder anders. Unsere Route führt über Barstow in die East Mojave National Scenic Area. Die Wüste wird von Bergketten, von zerklüfteten Granitbergen und Vulkankegeln, die alle Attraktionen eher kleinräumig machen, durchzogen.

Man sieht Sodaseen und salzverkrustete Tümpel, die seltsamen *Joshua Trees* (Yuccabäume) strecken ihre verästelten, stachelpelzigen Zweige wie flehende, betende Arme gegen den fahlblauen Himmel, Präriefalken und Adler kreisen emsig, spähen nach Beute und stoßen blitzschnell in die Tiefe.

Das »einsame Dreieck«, wie man diese Wüstenregion Ostkaliforniens nahe der Grenze zu Nevada nennt, hat Reviere von einer Schönheit, die dem Reisenden vorkommen, als habe er diese Bilder schon einmal, zumindest in seinen Träumen, gesehen.

Doch die Bilder halten stand, wenn man über Baker, an einer Vulkan- und Lavalandschaft vorüber, nach Kelso und weiter in das Gebiet der Kelso Dunes fährt. Man muß die riesigen Dünen, sie sind die höchsten in Nordamerika, oft mehr als 600 Fuß hoch, in der Morgen- oder Abendsonne sehen. Das weiche Licht gibt ihnen orangefarbene und zinnoberrote, zuweilen auch violette Töne.

Hier kann man über Sandberge wandern, meilenweit, einsam, durch wie von einem Riesenpflug aufgeworfene Furchen, in eine Stille, die genauso körperlich fühlbar wird wie die Hitze. Von den Dünengipfeln sieht man ringsum wieder Dünengipfel, und von den höchsten Kämmen aus blickt man auf die zerklüfteten Granite Mountains im Süden und die Providence Mountains im Osten, in deren Höhlen sich einst die Outlaws vor ihren Verfolgern verbargen. Wieviel Kraft sie doch haben mußten, um hier noch von einer rosigen Zukunft zu träumen. Wieviel Optimismus, um bloß noch zu hoffen, an einer Stelle, an der man alles, nur nicht das Glück erwarten darf. Viele von den Bösewichtern, den gemeinen Eisenbahnräubern, dem Schrecken der alten Union Pacific Railroad, die unverdrossen mitten durch das sonnengrelle, hitzeflimmernde Land fuhr, büßten ihr Leben ein. Am Galgen, in der Hitze, wer weiß, wo. Auch jene, die mit schöner Regelmäßigkeit das Depot und den entlegenen Wüstenbahnhof von Kelso überfielen, der nun, so stolz ehedem, seit Jahren geschlossen ist, aufgegeben für immer.

In der Einsamkeit verdichten sich die Bilder. Man möchte bleiben, länger bleiben, weiter in die Luftwirbel voll Sand wandern, die seltsamen *Joshua Trees* fotografieren, deren Geister nach dem Verständnis der Indianer im Mondlicht tanzen und beim ersten Sonnenstrahl in ihren ekstatischen Posen erstarren.

Doch in diesem unermeßlich großen Land locken immer wieder andere Ziele. Über den Ausgangspunkt Ba-

◁ **Im Joshua Tree National Monument**

ker führt der Weg ostwärts durch Ödland zum Mountain Pass und weiter nach Las Vegas.

Las Vegas ist der harlekinhafte Pfau in der Wüste, ein Glitzerding auf einem Wüstenplateau im Osten des Charleston Peak. Eine Stadt? Ein 200 000 Menschen fassendes Konglomerat von der einmaligen, besonderen, der skurrilen Sorte.

Ein amerikanischer Traum, ein Alptraum, nicht für diese Welt, vielleicht für den Mars oder die ferne Zukunft konzipiert, als hätte sie Walt Disney erfunden. Las Vegas ist eine Oase der eingekauften Lebenslust, des Nervenkitzels, des schnellen Reichtums, des flüchtigen Glücks und des blitzartigen Ruins.

Eine Stadt, die niemals schläft, die den Tag mit der Nacht betrügt und die Sonne mit dem Mond, als sei das Dunkel die Quelle ihrer Vitalität. Überall künstliches Licht, künstliches Klima, aufgehobene Zeit. Die Uhren sind stumm und lahm, das normale Leben steht still. Die Verführer hüllen ihre Opfer in schillernde Prächtigkeit ein.

Die Wirkung geht am Neuling nicht spurlos vorüber. Die Hitze schlägt ihn, sie ist schwer und drückend, Action und Animation tun ihre Wirkung, zu vieles stürzt auf ihn ein, als daß er alle Eindrücke verarbeiten könnte.

Las Vegas in historischen Notizen: Seit Jahrtausenden lebten und jagten hier Indianer. In die eisenrot glühenden Felsen des Fire State Parks malten sie weiße Fledermausfrauen und Hände mit fünf Fingern von gleicher Länge.

Die Lust am Spiel ist hier schon früh feststellbar. Ein Würfelbecher aus Knochen lag 5 000 Jahre im Wüstenboden, ehe man ihn fand. Die Spielknochen der Paiute-Indianer wurden von vielen gierigen und fiebernden Händen abgegriffen, aber sie haben die Zeiten überdauert.

Vergessen, verschwunden sind dagegen die alten, abgewohnten Hütten aus lehmbeworfenem Flechtwerk, nur die Utensilien des Zeitvertreibs und die Magie des Glücksspielerbodens widerstanden der Inbesitznahme durch Mormonen, durch Eisenbahningenieure, durch Staudammarbeiter.

Eines Tages, als wäre es ein Märchen von der schwarzen Sorte, kam Bugsy Siegel nach Las Vegas. Ein Boß der Unterwelt, auf der Flucht vor rivalisierenden Banden, fand in dem kümmerlichen, rüden Vorposten der Zivilisation ein Exil. Seiner Idee entsprang der erste große Hotel- und Casinokomplex. Es war eine profitable Idee, die immer größere, immer luxuriösere, immer spleenigere Blüten trieb.

Die Gründer der alten Las-Vegas-Clans, die Patriarchen, waren durchweg selbst Spieler aus Leidenschaft. Bugsy Siegel hat das Aufblühen des lasterhaften Geschäfts mit dem Glück jedoch nicht mehr erlebt. Er wurde erschossen, möglicherweise hatte die Mafia ihre Hand im Spiel. Vielleicht lastet ihr Schatten auch heute noch unsichtbar über allen Casinos am Las Vegas Boulevard, dem sogenannten *Strip*, der Hauptstraße der Wüstenstadt.

Eine Avantgarde der Verführungskünstler regiert heute Las Vegas wie eine zu allem entschlossene Okkupationsmacht. Lange Förderbänder saugen Passanten in riesige Hotelburgen, deren Monstrosität durch nichts beschwichtigt wird. Ein tropischer Regenwald wurde angelegt, ein Vulkan gebaut, der programmgemäß ausbricht, durch die unendlich große, unendlich kitschige Hotelritterburg Excalibur ziehen mittelalterliche Troubadoure und Ritter mit Harnisch und Lanze.

In den Irrwegen von Caesar's Palace kann man dem Imperator persönlich, Michelangelos David und der Venus von Milo begegnen. Man kann Bacchus auf die Schulter klopfen, Romulus und Remus gratu-

▷ **Mono Lake/Tuffsteinformationen**

lieren, daß sie eine trasteverianische Wölfin am Leben erhielt, und im Flußschiff der Kleopatra mit bacchantischen Göttinnen plaudern.
Da stehen die falschen griechisch-römischen Standbilder und Säulen über Caesars Palast verteilt wie pflegeleichte Blüten einer entarteten Art-deco-Kunst. Sie wurden einzig mit dem Anspruch modelliert, die reale Welt aufzuheben und die Gäste durch immerwährende Showinszenierungen von – zugegeben – glänzender Qualität und einer Architektur von auserlesener Lächerlichkeit beharrlich an die kalte Grazie von Abertausenden Spielautomaten und unendlich vielen Spieltischen heranzuführen.
»*Viva Las Vegas*« sang Elvis Presley, und die Stadt lebt, wächst schnell, sie ist die am schnellsten wachsende Metropole der USA.
Es fällt leicht, das Babylon der Neuen Welt für einen Ausflug zu verlassen, auch wenn das nächste Ziel einen makabren Namen trägt: *Death Valley*. Das Tal des Todes verheißt gebündelte Schrecken. Es ist heiß, im Sommer wie in einem Feuerofen, der Wind aus der Panamint Range läßt die Sanddünen tückisch wandern, im Gestrüpp leben Klapperschlangen, weite Landstrecken erstarrten meterdick im Salz. Das Salz bildete seltsame kleine Hügel, kantige, messerscharfe, schier unüberwindliche: *Devil's Golf Course*, des »Teufels Golfplatz«, ist tatsächlich eine Landschaft fern jeder Vorstellungskraft. Death Valley verdankt seinen Namen frühen Gold- und Silbersuchern, denen das 120 Meilen lange Becken, das heißeste des Kontinents, zum Verhängnis wurde. *Tomesha*, das Feuertal, nannten es die Schoschonen.
Nun verlaufen Straßen in der Wüstenei. Die schönste führt über Furnace Creek zur Aussichtsstelle Zabriskie Point. Michelangelo Antonioni bereitete diese Landschaft filmisch auf und machte sie weltberühmt.
Doch nur, wer wirklich hier oben steht, wird sich ganz im Schoß der Wüste fühlen. Alles Leben ist weggeblendet, das Auge sieht nur mehr Lichtgestöber und die rauhhäutigen Formen der Wüste, den Golden Canyon, die Berge und Dünen, die Hollywood-Regisseuren die Sahara ersetzen, verkrüppelte Salzbüsche, die im Sand zu kriechen scheinen, und Spuren von Tieren, die licht- und hitzescheu unter der Sandoberfläche leben.
Zurück in Las Vegas erscheint die Wüstensiedlung im grellen, bunten Lichterglanz noch eine Spur absurder. Die Weiterreise nach Nordosten verwischt jedoch die Erinnerung an das Dorado der Spieler schnell.
Zion National Park liegt schon in Utah. Der Virgin River hat sich hier von den Hochplateaus der Landschaft bis in die Tiefe der Wüste einen gewaltigen Canyon gegraben. Bis 800 Meter hoch steigen die Steilklippen an. In Jahrmillionen hat das Wasser den Sandstein durchschnitten, und so kamen rote und weiße, braune und ockerfarbene Schichten zum Vorschein.
Die ersten Mormonen, die im 19. Jahrhundert hier vorbeizogen, sahen in den farbenprächtigen Bergformationen, die wie steinerne Kathedralen wirken, die natürlichen Tempel Gottes und nannten den Canyon nach der Himmelsstadt: Zion.
Der Nationalpark ist wunderschön, und doch finde ich Bryce Canyon unweit im Nordosten, noch schöner, gewaltiger, spektakulärer. Im Amphitheater von Bryce scheinen die je nach Lichteinfall rot, orange oder gold glühenden Felsen, die bizarren Türme, die stolzen Monolithen und die steinernen Sägezähne wie ein ungeheurer Opernchor zum glanzvollen Finale anzutreten.
Indianer hielten einst die seltsamen Steinformationen für verzauberte böse Menschen, die sich noch in der Versteinerung schutzsuchend und voll Grauen aneinanderdrängen.
In Wahrheit schuf Wasser die Landschaft von Bryce Canyon. Es spielt mit dem weichen Kalkstein und mo-

▷ **Death Valley/Zabriskie Point**
Licht, Schatten, Unermeßlichkeit, Öde. Wüstenberge, von der Sonne ausgeglüht, vom Wind geschlagen.

delliert ihn, dringt in Spalten und Ritzen ein, friert und läßt die Felsen bersten. Immer und immer wieder, bis schlanke Säulen zurückbleiben. Im Spätfrühling überziehen Wildblumen die Felsränder und den Canyongrund. Sie schenken der grandiosen Landschaft ein freundliches Aussehen und eine eigene, weiche Schönheit.

Von den Bergen im Mormonenland ist es nicht mehr weit bis Salt Lake City. Die Sonne brennt, Wolken von Staub fegen über die Erde, von heftigen Winden angefacht, der Große Salzsee, der Rest einer riesigen Seenplatte, sieht grau und böse aus. Es ist eine unwirtliche Gegend, sie muß einmal völlig unbewohnbar gewesen sein.

Was mag Brigham Young, den Propheten, Seher und Nachfolger des ermordeten Joseph Smith, dem Gott befohlen hatte, die glorreichen Wahrheiten mit den Menschen in aller Welt zu teilen, bei der Ankunft des ersten Mormonentrecks im trostlosen, breiten Tal des Großen Salzsees nur zu seinem Ausruf: »Dies ist der Ort!« bewogen haben?

Die Mormonen, das erste Grüppchen von 148 Menschen, hatten, von Iowa City kommend, die Great Plains und die Rockys querend, eine Strecke von 2 080 Kilometern in 85 Tagen zurückgelegt. Sie waren müde, ausgelaugt, fast am Ende, voll von Sorge angesichts des kargen, grauen Bilds, das sich ihnen bot. Ihre Suche nach dem verheißenen Land ging auf einem Boden zu Ende, der keinen ihrer Wünsche, auch nicht den kleinsten, zu erfüllen schien.

Doch sie blieben in dem Tal, in dem nichts als eine Zeder stand, begannen zu pflügen, gründeten einen theokratischen Staat und die Stadt Zion als Hauptort eines Mormonenreichs, das sie *Deseret*, Honigbiene, nannten. Mit Bienenfleiß rangen sie dem ausgetrockneten salzigen Boden Fruchtbarkeit ab und brachten da und dort die Wüste zum Blühen.

Aus Zion wurde Salt Lake City, die Kapitale Utahs, eine 1 300 Meter hoch gelegene Großstadt voll breiter Straßen, voll von Wolkenkratzern, Tempeln und Grün, eine satte, wohlhabende Stadt mit bedeutenden Wirtschaftsunternehmen.

Es ist eine Erfolgsstory, und der Mormon Tabernacle Choir singt die alte Beschwörungsformel immer wieder inbrünstig aus voller Kehle: *»All is well! All is well!«*

Die bergige Wüstengegend, die drohend kahlen Abhänge, die im Dämmerlicht so gespenstig zum Salzsee hinunterkriechen, einem See, der so salzig ist, daß er trägt, ficht die Gläubigen der Kirche Jesu Christi der Heiligen der letzten Tage nicht an. Sie, die wir als Mormonen bezeichnen, nennen sich selbst Heilige. Die Heiligen sind tüchtig und diesseitig und erfolgreich, in grünen, blühenden Villenvierteln, einem der kärgsten Salzböden abgerungen, leben gläubige, selbstzufriedene, selbstsichere Millionäre. Sie haben, zumindest in Salt Lake City, die Wüste bezwungen. Doch südlich von Zion erzählen verlassene, aufgegebene Dörfer melancholische Geschichten von vergeblicher Mühe und verwehten Hoffnungen. Nicht immer, aber fast immer siegt die Wüste.

▷ **Zion National Park**
Die leuchtend roten Berge hoch über atemberaubenden Schluchten erschienen den Pionieren der Mormonen als die »natürlichen Tempel Gottes«.

◁ **Las Vegas/Caesar's Palace**
Die Fanfaren der Engel blasen zur Attacke: auf ins Paradies der Spieler! In den Superhotels ist alles Schein und Verführung.

▽ **Las Vegas/Spielautomaten**
Viele kommen in der Hoffnung, Günstlinge des Glücks zu sein, und gehen mit der Erkenntnis, daß das Glück blind und taub ist.

▽ **Death Valley**
Höhenzüge rahmen das heißeste Salzwüstengebiet der Welt. Verirrte Goldsucher gaben der furchteinflößenden Ödnis den Namen »Tal des Todes«.

▷ **Salt Lake City/Mormonentempel**
Mormonen bilden einen theokratischen Staat im Staate. Auf der Spitze des Tempels verkündet der Engel Moroni die Wiederkehr Christi.

◁ **Ghost Town Bodie**
Die heutige Geisterstadt hatte einmal 10 000 Einwohner. Längst ist alle Hoffnung verweht, und die Statussymbole früheren Reichtums rosten vor sich hin.

▽ **Reno/Truck Stop**
Technik, Kraft, Schönheit, Pflege: Trucks sind der Stolz der amerikanischen Wirtschaft, und sie sorgen für Mobilität in einem mobilen Land.

▽ **Valley of Fire**
Weicher, roter Sandstein ist das Material, aus dem die bizarren Bögen bestehen. 150 Millionen Jahre haben an ihnen gearbeitet, gefräst, modelliert.

▷ **Bryce Canyon**
Impressionen aus einem natürlichen Amphitheater: Das terrassenförmige Felslabyrinth in Gelb und Orange ist eine Schöpfung des Wassers.

Reise in die Stille: der kühle Norden

Noch einmal über die Golden Gate Bridge. San Francisco auf einem der schönsten Wege der Welt verlassen, um in die tiefe Stille und den geheimnisvollen Schatten der Rotholzwälder einzutauchen. Die eibenartigen *Redwoods* der Gattung *Sequoia sempervirens*, nach einem Indianer aus dem Stamm der Cherokee benannt, zählen zu den höchsten Bäumen der Welt. Sie sind stark und zäh, weit hört man ihr Rauschen, zuweilen duften sie nach Salz und Erde, hügelweit verkörpern sie die stehengebliebene Zeit.

Bis zu 2 000 Jahre lang können sie in geschützten Lagen von den Regenfällen im Winter, von den Morgen- und Abendnebeln im Sommer die nötige Feuchtigkeit ziehen, um zu überleben. Die Rotholzgiganten mit den ungewöhnlich flachen, ungewöhnlich weit kriechenden Wurzeln waren einst, bevor Entdecker die Neue Welt erreichten, die Könige der Küstenwälder.

140 Millionen Jahre wuchsen und vergingen sie in vielen Teilen der Welt, doch die Eiszeit ließ sie nur in Kalifornien zurück. Die Indianer kannten die tiefen Rotholzwälder längst, doch sie achteten die grünen Kathedralen der Natur, das Dunkel unter ihren Kronen erschreckte sie, vielleicht waren sie der Hort und die Wohnstatt ihrer Geister.

Erst der weiße Mann, auf der gierigen Suche nach Gold, fällte die gewaltigen Bestände rücksichtslos und verarbeitete sie zu Nutzholz. Zuerst verschwanden die schönen, festen, leichtgewichtigen Rothölzer um San Francisco, dann aus Marin County und aus den zugänglichen Stellen an der Nordküste.

Leere blieb zurück, und nur Muir Woods, das Geschenk eines Naturfreunds an die amerikanische Bundesregierung, konnte wie eine gerettete Bauminsel nahe San Francisco erhalten werden. Hier lebten einmal Schwarzbären, Graubären, Pumas, Wölfe und Elche. Sie sind alle ausgezogen. Nur Rehe und Hirsche blieben, und die gestreiften Eichhörnchen beleben den Wald mit ihrer emsigen Suche nach Nahrung.

Der Highway 1 führt nordwärts in eine stille Küstenlandschaft, die Sir Francis Drake schon 1579 entdeckte. Verwitterte Fischerdörfer, Bilderbuchfarmen, rauschende Bäche und ein tiefblauer Pazifik, der tosend an zerklüftete Strände schlägt. Bizarr geformte Bäume stehen wie Gespenster, und auf den Klippen wogt blaublühendes Kraut.

In Bodega Bay filmte Alfred Hitchcock seinen Klassiker *The Birds*. In Erinnerung daran erschrickt man zuweilen, wenn Nebel einfällt, wenn sich in den einsamen Felsbuchten, die den Flügelschlag der Vögel vervielfältigen, das Geräusch plötzlich zu einem lauten Grollen steigert. Doch was wäre hier menschlicher als Schwäche und Angst?

Nur wenige Kilometer landeinwärts ist das Ambiente wieder freundlich. Wein machte die Gegend um Sonoma und das Napa-Tal berühmt. Napa Valley, vor hundert Jahren noch von Redwoods überwuchert, nichts als Wald und Grün und Stille, erscheint links und rechts des kleinen Napa River von Rebkulturen überzogen. Der Mensch hat eine Zweitlandschaft nach seinem Maß geschaffen. Hervorragende kalifornische Weine wachsen hier, von der Sonne verwöhnt, von den Winden, die der Pazifik aussendet, gestreichelt, vom Nebel, den sie treiben, auch in den Hochsommermonaten vor allzu großer Hitze bewahrt.

Weingüter, kleine Kellereien und schloßähnliche Anwesen liegen im Tal, als hätte die Erde ein Stück Frankreich und eine Biegung des Rheintals in den kalifornischen Norden verschickt. Der größte Teil der amerikanischen Tischweine wird hier gekeltert.

Bei Mendocino, das hoch über den Meeresklippen liegt, läßt der Pazifik seine graublauen Wellen donnernd gegen die Küste schlagen, und die Felsen werfen sie in weißen Kristall-

▷ **Rotholzbäume in den Muir Woods**
Im feuchten Pazifikklima wuchsen die Redwoods *zu stolzen Giganten. Gäbe es keine Holzfäller, wären sie fast unsterblich.*

fontänen zurück. Künstler malen und meißeln und suchen langsam nach Worten, Eile ist hier nur ein Wort und nicht mehr.
Der Highway 1 findet seine Fortsetzung im Highway 101. Nördlich von Eureka, nördlich der verschnörkelten Kitschvillen der reich gewordenen Holzbarone, kann man wieder in die Redwood-Wälder eintauchen, wo unter den silbrig grünen Blätterdächern kalifornische Lorbeerbäume und Oregon-Myrten tapfer und zäh ans Licht streben.
Im Unterholz blühen Rhododendren und gelbe Sterne, von fünffingrigen Farnen halb verdeckt. Bäche und Ströme durchfließen den Wald. An der Küste, lange Spazierwege weit von der Straße, donnert der nie zur Ruhe kommende Ozean an schroffe Felsen, an vom Wasser ausgewaschene Landzungen, an Inseln, die wie verlorene Steine daliegen.
Oregon, vermutlich nach einem indianischen Flußnamen benannt, der 33. Staat der USA, wird bei Brookings erreicht. Die Küste ähnelt der im Norden Kaliforniens, doch sie ist ernster, abweisender.
Weiße Leuchttürme tupfen die Küstenfelsen, ein Land zerbricht in einer atemberaubenden Szenerie aus Fels und Aussichtspunkten, und seine Grabblumen sind zyklamfarbige Lupinen und weiße Gänseblümchen.
Wanderdünen gehen zwischen Coos Bay und Florence darüber hin, bei Tillamook ist die Straße wie eine offene Wunde in die Steilküste gefräst, vor Cannon Beach ragt Haystack Rock, ein bei Ebbe trockenen Fußes erreichbarer riesiger Monolith, dramatisch in die Höhe.
Seelöwenherden leben in Höhlen, der gewaltige Columbia River, einst von wilder Schönheit, nun durch Kraftwerke gezähmt, mündet nach einer langen Reise aus den kanadischen Bergen nahe Astoria einsam zwischen längst aufgegebenen Forts. Er hat auf seiner letzten Etappe die Vulkankette des Kaskadengebirges zwischen Mount Adams und Mount Hood durchbrochen und Portland, die größte Stadt von Oregon, durchflossen.
Ein grünes Waldgebirge spiegelte sich in seinem Wasser, ehe die Bergspitze des Mt. St. Helens an einem schönen Sonntagmorgen im Mai 1980 in einer gigantischen Explosion zerbarst, eine kochende Schlammflut hangabwärts fließen ließ, den Strom erreichte und seine Fahrrinne auf ein Drittel verengte.
Eine glühend heiße Druckwelle verwüstete, versengte mit der Energie von 400 Atombomben 600 Quadratkilometer bergiges Land, ließ den Tag zur grauen Nacht werden und schüttete Aschenregen über Hunderte Kilometer weit ins Umland. Als der gespenstige Spuk vorüber war, gab es den wunderschönen, von weißen Gletschern umkleideten Riesenkegel des Mt. St. Helens nicht mehr. Er hatte im größten Bergsturz, der sich in historischer Zeit ereignete, 400 Höhenmeter seiner Spitze eingebüßt.
Ein großer Teil der Region gehört nun zum Mt. St. Helens National Monument. Schon kehrt ein wenig Leben in die Ränder der toten Landschaft zurück. Die ersten Arnikas, die ersten Weidenröschen und die ersten purpurnen Lupinen bringen Farbtupfer in das spärliche Grün, die Tümpel zwischen den Bergsturzmassen, die Seen zeigen phantastische Farben, tiefes Blau, frostiges Lila, und über die gestürzten Baumstämme kriechen schon wieder die ersten Spinnen und die ersten Moose. Die alten Flüsse haben neue Wege gesucht und gefunden.
Doch noch ist der Berg nicht ruhig. Immer wieder bricht er aus, nicht mehr spektakulär, doch noch immer gefährlich. Langfristige Prognosen lassen sich nicht erstellen. Der Nordwesten von Oregon und der Südwesten von Washington, der beiden, durch den Columbus River getrennten Staaten, müssen jeden einzelnen Tag mit möglichen Katastrophen leben.

▷ **Bodega Bay**
Klippen, blaugrünes Kraut, Einsamkeit, Fischerboote. Hier fand Alfred Hitchcock die gespenstische Kulisse für seinen Thriller The Birds.

Seattle, die größte Stadt Washingtons und des pazifischen Nordwestens, ist nach dem Suquamish-Häuptling Seathl benannt. In der auf sechs Hügeln errichteten Stadt am Puget Sound, wo die großen Schwertwale auf Lachsfang ausgehen und die Fähren kreuzen, in dieser Metropole mit eineinhalb Millionen Einwohnern, die auf die Cascade Range im Osten, die weißen, von ewigem Schnee bedeckten Kegel erloschener Vulkane und die Olympic Mountains im Westen blickt, stehen noch heute Häuser aus der Zeit des Goldrauschs am Klondike.

Fünfhundert Hausboote dümpeln mitten im Zentrum. Aus den Fenstern der Bürotürme, von manchen steilen, ansteigenden Gassen, blickt man auf Buchten, auf Uferpromenaden, auf Brücken, man schaut auf Segelboote und Hunderte Inselchen, und alle sehen aus, als wollten sie in den herrlichen Sommern in die Ferne aufbrechen, nach Alaska vielleicht oder nach Asien.

Eine angenehme Stadt, die so passioniert am Wasser lebt, hat sich dennoch der Luft verschrieben. Seattle ist Boeing und das Mekka der zivilen Luftfahrt. In den stadtnahen Fabriken und Forschungszentren, in Renton, Everett, Auburn und Kent, entstehen am Fließband jene Flugzeugriesen, die Menschen wie Zwerge erscheinen lassen und Hundertschaften gleichzeitig durch die Lüfte tragen.

Am Abend, von der Höhe der Space Needle aus gesehen, wird Seattle zum abstrakten Gemälde. Dann ist die Bucht orangerot, die Wolkenkratzer verhüllen sich grau, die Schiffe furchen silberne Spuren in das Wasser, und der Mt. Rainier schält sich schwarz mit weißer Kappe aus dem werdenden Dunkel.

Die aus Seattle nordwärts führende Straße stößt bald an die Grenze zu Kanada. Doch damit ist das Ende des US-amerikanischen Territoriums noch nicht erreicht, denn hoch oben im Nordwesten des Kontinents liegt Alaska, das Land der Indianer und Eskimos, wo die Gletscher kalben und die Bären durch die Einsamkeiten schleichen. Die Vereinigten Staaten haben es einst von Zar Alexander II. für einen Pappenstiel käuflich erworben. Nun gehört ihnen das zerrissene Inselstück vor der Küste Kanadas und das riesige Land an der *last frontier*, der letzten Grenze. Wo Amerika mit Zwiebeltürmen bestückt ist, wo eine amerikanische Ortschaft justament Petersburg heißt, wo Tlingit-Indianer fromm in orthodoxe Kirchen gehen, haben die Grenzherren nachdenkliche Gesichter. Was hoffen sie, was fürchten sie, wie weit haben sie sich von der alten Russian American Company des Alexander Baranow entfernt?

Der 49. Bundesstaat der USA ist rund 1,5 Millionen Quadratkilometer groß. Er ist unüberschaubar. Eine Masse Land, die sich über 21 Breitengrade und 43 Längengrade hinzieht und nur von einer halben Million Menschen bewohnt wird.

Kann man auf den vergessenen, entlegenen Inseln des Alexander Archipels, kann man im unendlich kalten Land der Eskimos mit dem Symbolvogel des Schneemoorhuhns in den kurzen, heftigen Sommern romantische Züge entdecken? Man kann. Doch in Seattle oder im kanadischen Vancouver muß man auf ein Schiff umsteigen, das durch die Inside Passage in eine der aufregendsten Landschaften der Welt fährt.

Auf Nordkurs: Blaßblau schlängelt sich die Wasserstraße durch ein Gewirr von Niemandsinseln. Im Osten greifen Fjorde langfingrig in die vergletscherten, unwegsamen Küstenketten des Festlands ein. Grün in allen Abstufungen überwuchert das zernagte, zerbrochene Land, das nur widerwillig ins Meer ging.

Da und dort eine Hütte, ein Boot, ein Mensch, ein Schaf wie ein schmutziges Wollbündel im Gras. Alle Dinge in der Einzahl. Durchlöcherte Einsamkeiten nur dort, wo Menschen eine Chance für sich sahen.

▷ **Küste bei Tillamook (Oregon)**
Das Land zerbricht wie eine offene Wunde in einer rauhen Szenerie aus Fels und Gezeitenbecken.

Im offenen Queen Charlotte Sound wird der Wind zumeist stärker, bündelt die grauschwarzen Wolken. Das Schiff schleicht wie ein Dieb in eine verschlossene Welt.

Maritime Isolierung gab dem Alexander Archipel schon immer eine eigene Note. 1 000 Inseln, 17 000 Kilometer Küstenlinie, eine Handvoll Kleinstädtchen, eine 800 Kilometer lange Wasserstraße als einzige Nabelschnur.

Die Menschen, rauhe Landnehmerenkel, die Seßhaften, die allem trotzten und blieben, und die Flüchtigen, die Abenteurer, die kommen und gehen wie Ebbe und Flut.

Das Schiff gleitet an kleinen und kleinsten Inseln entlang, an Gebirgen und Bergen, die scheinbar schwimmend dem Besucher vorgaukeln, sie stiegen gerade eben aus dem Wasser. Die angelaufenen Häfen wirken in der Weite spielzeughaft klein wie Ketchikan, wo die Lachsfischer aussteigen und die Tlingit-Indianer in der Alaska Native Brotherhood Hall für Touristen tanzen.

Wie Wrangell, wie Petersburg, wie Alexander Baranows Sitka mit seinem von Indianer- und Russenblut so sehr getränkten Boden. Einmal nannte man Sitka, die einstige russische Handelsmetropole, das »Paris des Pazifiks«. Nun verbirgt sich das Pariserische tief hinter einer Kruste von Demut und Geschichte. Nur die russische Seele darf in der wunderschönen, abgebrannten und stilgetreu wieder errichteten St.-Michaels-Kathedrale ein wenig leuchten.

Von Sitka ist es mit dem Schiff nur eine halbe Tagesreise nach Juneau. Die Stadt, nur auf dem Seeweg zu erreichen, trägt den Namen eines Goldgräbers und den Hauch der *last frontier*. Dennoch gilt sie als die am schönsten gelegene Hauptstadt eines amerikanischen Bundesstaates. Alaska wird von einem ehemaligen Glücksritterort aus regiert. Doch vielleicht nicht mehr lange. Der Platz für eine neue Hauptstadt wurde unweit von Anchorage bereits ausgewählt. Juneau wird wieder etwas näher ans Ende der Welt rücken.

Das Ende der Welt? Im kalten Licht fährt das Schiff durch den Icy Strait in eine vielarmige Bucht am Nordwestende des Alexander Archipels ein: Glacier Bay, ein Nationalpark mit 16 aktiven Gezeitengletschern und schneebedeckten Bergen, die bis auf 4 700 Meter Höhe ansteigen. Eisschollen schwimmen überall, glitzernd weiß und grün, vermehren sich, wachsen sich zu Minibergen aus. Es ist das Anschauungsbild einer ausklingenden Eiszeit.

So muß es gewesen sein: Riesige Gletscher fließen in die Bucht und stürzen unter gewaltigem Getöse ins sich aufbäumende Meer. Die Wände zerbersten, die großen Brocken werden klein, jahrtausendealtes, schön geschichtetes Eis schwimmt träge davon und verliert ungemein langsam an Masse. Es ist ein faszinierendes Schauspiel.

Zaghaft wachsen an den glattgeschliffenen Uferfelsen die ersten Moose, ein paar Halme wagen sich hervor, durch das Teleobjektiv kann man sogar winzige Blüten ausmachen. Die Erde, das Jahrmillionen alte Ding, gibt Einblicke in ihre Entstehungsgeschichte.

Es gehört ganz sicher zu den Sternstunden des Reisens, sich in der Glacier Bay Lodge von Bartlett Cove einzumieten und Tag um Tag in die eisgefüllten Fjorde und in die Welt der Buckelwale, der Robben, der Bären und der Elche zurückzukehren.

Skagway am Ende der Inside Passage liegt bereits fast in Kanada. Hier war der Hafen für die Goldgräber auf dem Weg zum Klondike River. Viele Tausend kamen. Viele starben am White Pass.

Nun sind die Uferplanken morsch. Die Straße ins Dorf hat tückische Löcher. Über den alten Broadway schleichen hungrige Hunde. Längst sind die Holzverblendungen der alten Häuser krumm und windschief, nur die alteingesessenen Bewohner versuchen noch immer, Touristen in die Goldgräberzeiten zurückzuversetzen.

Skagway ist nicht pittoresk, nicht einmal komisch. Es ist traurig. Und vielleicht wäre es schon längst von den Landkarten verschwunden, gingen von hier aus nicht die Routen zum Yukon River, nach Fairbanks und zur Prudhoe Bay mit möglichen Abstechern nach Anchorage und in das Gebiet um den Mt. McKinley, Nordamerikas höchstem Berg.

Es ist eine Reise in die Einsamkeit, in eine klare Luft wie über eisigen Meeren, eine Reise zu Bergen, die keinen Namen haben, zu struppigen Wäldern, zu Taiga und Tundra, in Sommertage ohne Nacht, zu Grizzlys, zu Karibus, zu Füchsen, auf einer Straße, die wie ein Messerschnitt in der Landschaft der Ölpipeline bis ans Eismeer folgt.

Seinen Ureinwohnern, den Aleuten, verdankt Alaska den Namen. Sie nannten es *Alyeska*, das Land, wo die Wellen sich brechen. Später wurde Alaska daraus: das große Land. Und wahrlich, es ist zu groß, um es auch auf vielen Reisen völlig zu erfassen. Am besten nähert man sich dieser Welt über die Nationalparks. Zwei dieser Schutzgebiete, von Fairbanks aus mit dem Auto oder dem Flugzeug zu erreichen, liebe ich besonders: Denali National Park und Gates of the Arctic National Monument.

Denali National Park liegt im Südwesten von Fairbanks und erstreckt sich zu Füßen des Mt. McKinley. Zu Anfang September ist die Landschaft am schönsten. Dann erstrahlt die Tundra in einem Rausch aus roten, malvefarbenen, gelben und schneeweißen Tönen. Die Seen und Tümpel sind tiefblau, das Gehörn der weißen Dall-Schafe zeichnet sich plastisch gegen den Frühherbsthimmel ab, und die Elche wirken vor dem Hintergrund der kräftigen Farben fast schwarz.
Doch die Landkarten lügen. Der Denali der Indianer, unser Mt. McKinley, ein 6194 Meter hoher Riese, das Dach des Kontinents, ist nicht einfach nur ein Berg. Ein Kranz von Gletschern umschließt ihn, und die braunweißen Eisströme ihrer Zungen fließen wie tiefe, unüberwindbare Burggräben zueinander. Er selbst jedoch, Fels über Fels, Eis über Eis, voll von Rinnen und Scharten, voll Grollen und Lawinenstaub, faszinierend und unheildrohend zugleich, zeigt sich nur an Ausnahmetagen unverhüllt und wolkenfrei.
Es ist schön, sich auf den Kahiltna Glacier fliegen zu lassen, um ihm nahe zu sein, es ist besser, der Versuchung zu widerstehen, den Sitz der indianischen Götter besteigen zu wollen. Zu oft schon brach er den Stolz von erfahrenen Bergsteigern, zu viele sind in seinen eisigen Flanken, in seinen Schründen und Spalten für immer geblieben.
Man überlasse ihn den Adlern, die hoch kreisen, und der Sonne, die seine Eisdecke tagsüber quecksilbern und in späten Juninächten zinnoberrot glänzen läßt.
Die zweite Verlockung ist der Park Gates of the Arctic. Hier ist Wildnis, gepaart mit tiefer, ruhiger Schönheit. Zwischen schwarzen Granitspitzen blicken Gletscher auf eiskalte Flüsse, die Hochgebirgstäler rasch durcheilen, auf Tieflandwälder nördlich des Polarkreises, auf winzige Eskimodörfer, deren Bewohner von Jagd und Fischfang leben.
Man muß weglos wandern oder mit Kanus tagelang auf den Flüssen fahren. Ich sah Grizzlys, Füchse, Karibus, eine endlose Kette von Bildern, fern jeder Zivilisation.
Robert Marshall, einer der wichtigsten Naturschützer Amerikas, schrieb über diese Landschaft: »Nichts war zu sehen, zu hören, zu riechen oder zu fühlen, das auch nur im entferntesten an Menschen erinnerte, es schien mir, als sei die Zeit vor einer Million Jahre stehengeblieben.«
So ist es auch noch weitgehend heute, wenn man einmal von den Kleinflugzeugen absieht, die am Anaktuvuk-Paß landen. Alaska zeigt hier sein ureigenes Gesicht: als Wunderland der Natur, für Wolf und Bär gemacht. Ein Land mit der Würde der Unzugänglichkeit und der Endlosigkeit.

◁ **Seattle/Blick von der Space Needle auf das Stadtzentrum und Mount Rainier**
Vom Aussichtsrestaurant der Space Needle genießt man einen atemberaubenden Blick auf Seattle und seinen Hausberg.

▷ **Eureka**
Nicht immer verhüllt der aus der Humboldt Bay einströmende, dichte Nebel gnädig die Bausünden der Hafenstadt.

▽ **Polarlicht über Wiseman**
Das rosa getönte Licht gibt der alten Goldgräberstadt einen gemütlichen Anstrich. Die Digger dachten dabei wohl nur an die kalten Winter und die endlos langen Nächte.

▷ **Denali National Park/Mount McKinley**
Mondschein über dem Mt. McKinley. Der weiße Riese, der sich oft in Wolken hüllt, gilt als das »Dach des Kontinents«.

◁ **Gates of the Arctic National Monument/Wiseman**
Wildnis nördlich des Polarkreises. Himmelhohe Gipfel, eiskalte Flüsse, Karibus und Grizzlybären. Einsames Leben in einfachen Hütten.

▽ **Gates of the Arctic National Monument/Tundra**
Die stille Schönheit der kargen Landschaft ist weit entfernt von den Bequemlichkeiten der Touristenorte. Im August blühen Steinbrech und Moose.

▽ **Braunbär beim Lachsfang**
Alaskas gewichtige Braunbären lieben Lachse. Von einer Plattform über den Brooks Falls kann man springende Fische und schmausende Bären gut beobachten.

▷ **Eskimofrau**
Lachen und Glück: wenn beim Atmen das Fuchsfell nicht zu Eis erstarrt, wenn die Jagdbeute ausreicht, um die Vorräte zu füllen.

Inseln zum Träumen: Hawaii

»*Aloha*« trällern die Aufziehpüppchen in Goodwin's Spielzeugladen. »Aloha« flüstern die zierlichen Mädchen zwischen den bunten Vögeln in Paradise Park. »Aloha« schluchzt die »Stimme von Hawaii« allabendlich in den unglaublich weiten Sternenhimmel. »Aloha« ruft Tierpfleger Keoko dem grimmigen Hammerhai zu.

»Aloha« bedeutet Gruß, Willkommen, Abschied, Zugetansein, Liebe, Freundschaft, Herzlichkeit. »Aloha« entbietet die gülden blitzende Statue des Königs Kamehameha vor dem Royal Palace in Honolulu allen Gästen.

Die Inseln des hawaiischen Archipels, sieben bewohnte und 117 unbewohnte, sind Kinder des Meeres und des Feuers. Fast 4 000 Kilometer vom amerikanischen Kontinent entfernt, riß der Erdmantel am Grunde des Pazifiks und jagt seit siebzig Jahrmillionen ungeheure Mengen feurigen, flüssigen Gesteins aus dem Erdinneren nach oben.

Die Lava brannte Löcher in die darüber hinweggleitende Pazifische Platte, und über dem *hot spot*, dem heißen Fleck unter der festen Erdkruste, bildeten sich am nordwestwärts wandernden Meeresboden immer neue Vulkane. Nicht alle erreichten die Oberfläche des Meeres, manche erkalteten vorzeitig, andere versanken wieder in den Fluten, denen sie vor undenklichen Zeiten mit Rauch und Feuer entstiegen waren. Die Hawaii-Inseln sind die jüngsten dieser Eilande, Kinder beinahe noch. Was zählen in der Erdgeschichte schon ein paar Millionen Jahre? Die Sehnsuchtsziele wintermüder Europäer und Amerikaner, von den Ureinwohnern *Hawaii*, Heimat, genannt, sind jedenfalls noch da.

Ihr Name klingt wie eine Verheißung, sie wecken Traumbilder von Palmenstränden, von riesigen Surfwellen, von süß duftenden Orchideen, von schluchzenden Gitarren, von Hula-Tänzerinnen und blutroten Sonnenuntergängen.

Daß die vulkanische Hexenküche unter *Big Island*, wie man die Insel Hawaii nennt, noch immer da und noch immer tätig ist, daß sie immer neue Lava gebiert und nach oben schießen läßt, erhöht den Zauber des Besonderen und läßt auch für die Zukunft hoffen: Ein neuer Vulkan, Loihi, wächst längst vom Meeresboden aus. Er ist schon 4 000 Meter hoch.

Etwa 900 Meter muß er noch wachsen, ehe er eines Tages mit großem Getöse als Insel südöstlich von Big Island auftauchen wird. Wir werden ihn allerdings nicht mehr sehen, auch nicht auf die Landkarten schreiben können. Seine Geburt wird noch ein paar zehntausend Jahre auf sich warten lassen.

Hawaiianer umkränzten die Entstehung ihrer Inselwelt mit Legenden. Eines Tages, erzählen sie, verstrickte sich der Angelhaken ihres Halbgottes Maui am Grund des Meeres. Als er ihn mit aller Macht befreit hatte und nach oben zog, befanden sich acht Inseln im Netz: Hawaii, die größte, Kahoolawe, Maui, Molokai, Lanai, Oahu, Kauai und Niihau.

Die ersten Hawaiianer kamen wohl vor rund anderthalb Jahrtausenden in Kanus aus ihrer 5 000 Kilometer entfernten polynesischen Heimat. Sie paddelten durch das reine Blau, durch die schneeweißen Schaumkronen der Surfwellen bis zu den dramatischen Küsten, an all die Strände aus weißem und schwarzem Sand.

Als trauten sie der Natur am zwanzigsten Grad nördlicher Breite nicht, brachten sie die Pflanzen und die Tiere und die Früchte des Südens in die neue Heimat mit: Bananen, Kokosnüsse, Jamswurzeln, Zuckerrohr, Brotfrucht, Süßkartoffeln, Taro, Hühner, Schweine und Hunde. Alles wuchs verschwenderisch, blühte üppig, gedieh prächtig. Beinahe undurchdringliche Urwälder mit einer Überfülle an Blütenpracht bedeckten die Hänge bis in große Höhen. Vielleicht waren die Inseln des rosa

▷ **Hawaiianerin**
Die Blume hinter dem rechten Ohr ist ein Signal. Sie bedeutet Verlockung: Ich bin frei, ich suche einen Partner.

blühenden Hibiskus und der farbenprächtigen Orchideen, die man zu duftenden *Leis*, Blütenketten, bindet, tatsächlich einmal eine Art von Paradies. Jedoch wohl nur kurzzeitig, nur vorübergehend. Es gab mehrere Häuptlingstümer, es gab Unterdrückung, Fehden, grausame Kriege fanden statt, und zuweilen forderten die Götter in ihren alten, versteckten Tempeln blutige Menschenopfer.
Als Captain Cook 1778 die Inseln entdeckte und sie zu Ehren des englischen Marineministers Earl of Sandwich *Sandwich Islands* nannte, war das »Aloha« der Insulaner nicht von langer Dauer. Die im Grunde warmherzigen Polynesier erschlugen den weitgereisten Eindringling ein Jahr später in der Kealakekua Bay.
Dennoch konnten sie sich gegen Zuwanderer nicht für alle Zeiten wehren. 1792 entdeckte Kapitän William Brown an der Küste von Oahu eine geschützte Bucht und nannte diesen Naturhafen Fair Haven, auf hawaiisch *Honolulu*. Rasch wurde er die wichtigste Anlaufstelle im Pazifischen Ozean.
In der zweiten Hälfte des 19. Jahrhunderts richteten Ausländer große Zuckerrohr- und Ananasplantagen ein, sie brachten Vertragsarbeiter aus allen Teilen der Welt, aus Portugal, China, Korea und Japan mit. Überfremdung setzte ein.

Schließlich brach die Kamehameha-Dynastie unter dem Diktat der Siedler zusammen. Hawaii wurde 1900 als Territorium der Vereinigten Staaten anerkannt und erhielt 1959 volle Staatsrechte. Nun dienen die Inseln, auf denen Halbgott Maui die Sonne an die Erde fesselte, damit sie besonders langsam und spektakulär über die Inseln reise, als Märchenwiese der Nation.
Honolulu ist die Hauptstadt des Archipels. Sie liegt auf der drittgrößten, bekanntesten, bevölkerungsreichsten und wichtigsten Aloha-Insel Oahu, nahe dem nördlichen Wendekreis. Längst ging das historische Honolulu, ging das kleine Grashüttendorf in weißen Wolkenkratzern, in riesigen Shopping Centers, in endlosen Autokolonnen, im Lärm und im Trubel, in dem von Hotels arrangierten Luxus und auch ein wenig in der überraschenden Schäbigkeit des weltberühmten, sichelförmigen Waikiki Beach unter.
Die Planung drückt Resignation aus: Seit vielen Jahrzehnten gehört die Metropole nicht mehr den freundlichen Abkömmlingen der Ureinwohner mit dem pechschwarzen Haar und der unkomplizierten Lebensweise.
Amerikaner haben sich die Inseln zwar eingemeindet, doch auch ihnen gehören sie nicht mehr wirklich.

Zwar besichtigen Tausende Festländer noch immer tief ergriffen das Arizona Memorial in der Hafenbucht. »*A day of infamy*«, einen Tag der Niedertracht, nannte Franklin Delano Roosevelt jenen unfaßbaren Dezembersonntag von 1941, als japanische Bomben und Torpedos die amerikanische Pazifikflotte in Pearl Harbour fast vollends vernichteten. Noch liegt das Schlachtschiff ARIZONA, auf dem über tausend Menschen starben, mit seinen Toten auf dem Meeresgrund. Wie flaschengrünes Glas spült das Wasser über die zerstörten Decks, die Kanonen, über das große, unglückliche, gesunkene Schiff.
Oahu jedoch ist den unwägbaren Rösselsprüngen der Geschichte gefolgt. Die von Japan so sehr geschockte und gedemütigte Insel ist nun fest in japanischer Hand. An jeder Ecke ist Tokio, Kyoto oder Kagoschima. Auf Oahu urlauben, lieben und heiraten Japaner. Sie zwingen den Speisekarten japanische Schrift und japanische Gerichte auf und den Läden japanische Größen. Sie kauften fast alle Hotels und Geschäfte auf, sie dominieren überall, allein und in großen Gruppen, es ist ihre Insel. Ein halbes Jahrhundert nach Pearl Harbour haben sie Honolulu und die ganze, schöne Inselküste, die vom Diamond Head beherrscht wird, still und kaufkräftig vereinnahmt.
Diamond Head ist ein längst erloschener Vulkan im Südosten der Insel. Die Hawaiianer nannten ihn Lae Ahi und Papaenaene Heiau. Sie machten den Versammlungsplatz ihrer Geister zum Schauplatz ihrer religiösen Riten. Doch die Riten waren grausam, auf dem sanften schönen Berg, hinter dem die Morgensonne in Babyrosa aufgeht, wurden Menschenopfer dargebracht. Hier schickte man geschlagene Heere in den Tod.
So klein der Trost für die Verurteilten, so groß für Wanderer, die den Kraterrand über einen steilen, heißen Zickzackweg erobern: Der Ausblick auf Waikiki, auf Honolulu und die ganze Inselsüdküste ist wunderschön.
Er verlockt zu Inselrundfahrten. König Kamehameha mußte ungefragt seinen Namen dem Highway leihen, der unterhalb der Koolau Range längs der Ostküste, an schönen Stränden vorüber, zu den Surferparadiesen der Nordinselspitze führt.
Neun Monate im Jahr ist Waimea Bay schläfrig und sanft, doch nirgends türmen sich die Wogen in den Wintermonaten so gewaltig wie hier. Wasserwände scheinen auf die Küste zuzurasen, überschlagen sich, zer-

stieben in Gischt und werfen den weißen Schaum weit über die Küste. Nur Profis, Könner, Wagemutige, Furchtlose, Verrückte wagen hier den Ritt durch die Wellentäler, und ihre Bilder gehen um die Welt, als wäre dies jedermanns Hawaii.

Unter den spärlichen Palmen von Waikiki Beach, am schmalen Sandstrand, den die Kalakaua Avenue und die Hotelfront übrigließ, sucht man die spektakulären Surfwellen jedoch vergeblich. Ein eingeschlafenes Meer plätschert sanft an die Küste, als wollte es all die Sonnenfreunde nicht stören.

So enttäuschend Oahu manchmal ist, so kitschig es am Tage oft erscheint, abends und nachts fängt es die verlorenen Kinder mit einem Trick wieder ein. Golden und glutrot versinkt die Sonne hinter zarten schwarzen Palmwedeln im Meer. In den dunkelblauen Nächten voller Wärme und Blütenduft wandert ein zärtlicher, verführerischer Mond über die weite Wölbung des Himmels. Wenn Schiffe weit draußen, wie das Gespensterschiff des Fliegenden Holländers, vorübergleiten, verzeiht man sogar die immer ähnliche Gitarrenmusik und die gleichförmigen Hula-Melodien.

Irgendwann muß man sich losreißen und anderen Inseln zuwenden. Da ist die dramatische Schönheit von Kauai mit ihrem außergewöhnlich eindrucksvollen grünen Waimea-Canyon, den steilen, grünbewachsenen Lavaklippen an der Na-Pali-Küste mit ihren Tropengärten, in denen Tausende exotische Pflanzen wachsen und blühen.

Da ist Molokai, wunderschön, dünn besiedelt, eher unamerikanisch mit Mango-Wäldern, Dünen und Korallenriffen.

Da ist Maui, die »Insel der Täler«, mit dem Namen eines Halbgottes. Sie erstreckt sich um die Hänge von zwei gewaltigen Vulkanen, die durch eine schmale Landzunge miteinander verbunden sind. Was man am Strand von Waikiki vermißt, hier ist es: Kaanapali Beach, golden und einsam, winzige, isolierte Fischerdörfer, Wasserfälle, die wie gebündelte Tränen in geheimnisvolle Seen fallen, dichter Dschungel und Ritte in den Krater des Mt. Haleakala, wo die Geister wohnen und Maui die Sonne einfing.

Da ist schließlich die Insel Hawaii, die in der zweitgrößten Stadt des Bundesstaates, Hilo, Orchideen und Flamingoblumen züchtet. Sie ist die weitaus größte Insel des Archipels, mit raren Sandstränden unter Palmen und in bizarren Formen erstarrten Lavaböden. Mit Felswüsten und freundlichen Bergwiesen voll üppiger Farne, mit lieblichen Buchten und Vulkanen, im Hawaii Volcanoes National Park zusammengefaßt, in denen noch immer die Göttin Pele das Feuer schürt. Überall findet man Peles Haar, goldblonde Mineralienfäden, die als hauchfeine Gesteinsfasern die Lavafelder durchziehen.

Feuer, Glutfontänen, Flüsse aus geschmolzenen Steinen, machen den Reiz dieser Insel aus. Seit 1985 läßt der Vulkan Kilauea, an der Südostflanke des viel größeren Mauna Loa, immer wieder glühende Magmasäulen, wie Geysire aus Feuer, aus dem Krater steigen, herabstürzen und in verglühenden Lavaströmen bergab fließen. Wenn nachts der Himmel rot glüht und der Purpur nicht von Schrecken und Zerstörung kündete, wäre es ein ungemein romantischer Anblick.

Der Vulkanpark reicht von der Küste bis zum Gipfel des 4 103 Meter hohen Mauna Loa hinauf. Wo die Straße endet, beginnt die Wildnis. Mit dicksohligen Schuhen wandert man auf rauhen Lavapfaden in eine grandiose, manchmal gespenstige, manchmal bedrückende Vulkanlandschaft. Weißschwänzige Vögel fliegen darüber. Sie sind hübsch und zart und schweben über dem verwüsteten Land wie Boten der Hoffnung in kleiner Münze.

Noch eine Form von Hoffnung: Die ausfließende Lava vergrößert Hawaii. Seit fünf Jahren hat die Fläche der Insel bereits um 320 000 Quadratmeter zugenommen. Beim letzten großen Ausbruch des Kilauea verkürzte sich der Abstand zu Kalifornien um ein paar Meter.

Unsere Reise durch die Vereinigten Staaten geht mit einem grandiosen Naturschauspiel zu Ende: Noch ist die Schöpfung im Gange.

▽ **Kauai/Waialeale-Tal**
Es regnet viel auf Kauai, alles ist üppig grün, wächst, baut natürliche Barrieren. Ins Inselinnere kann man nur mit Mühe vordringen.

▷ **Kauai/Na Pali Coast**
Schwer zugänglich, wild und einsam ist die Na-Pali-Küste im Inselwesten. Nur Hubschrauberflüge rücken sie grandios ins Bild.

◁ **Oahu/Honolulu, Waikiki Beach**
Spät am Tag, wenn die Strände sich leeren und die sinkende Sonne einen Goldton verströmt, ist es am Strand von Waikiki am schönsten.

▷ **Hawaii/Vulkan Kilauea**
Göttin Pele schürt in einem der zwei aktivsten Vulkane der Welt das Feuer. Hawaiianer opfern ihr Blumenkränze und Obst zur Besänftigung.

Bildnachweis

T. Babovic/Das Fotoarchiv 160
H. Christoph/Das Fotoarchiv 48 l., 49, 65, 68
W. Dieterich 142/143, 148, 149, 151, 152, 156, 157, 158, 159, 161, 162, 163, 164, 165
K. Ender 8/9, 84, 97, 102
R. Gerth 6/7, 98, 178, 179, 180, 185
R. Großkopf 20/21, 22, 48 r., 74/75, 77, 80, 81, 86/87, 88/89, 105, 124, 125, 126, 136, 177
C. Guglberger/Das Fotoarchiv 110, 111
HB-Verlag, Hamburg 10, 26/27, 30, 31, 112, 114, 115, 116, 117
R. Hicker 12, 13, 82, 95, 101, 166/167, 168/169, 171, 172/173, 181, 183, 187, 192, 193, 194, 195, 196, 197
P. Hollenbach/Das Fotoarchiv 62/63, 66/67, 69
G. Karl 37
B. Kunz 85
S. Lenk 38/39, 153
O. Martel/Das Fotoarchiv 51
H. Matsumoto/Das Fotoarchiv 119, 127
Th. Mayer/Das Fotoarchiv 72/73
P. Meißner 25
J. Meyer/Das Fotoarchiv 60/61, 71
F. Neumann 176
K.-H. Rhein 123, 174
J. Richardson/Das Fotoarchiv 138
W. Richner 5, 154, 155
H.-W. Scheller 16/17, 113
K. Schwabenland 150, 191
R. Schweizer 92/93, 96, 100, 103
M. Schwerberger/Das Fotoarchiv Titelbild, 23, 190
M. Siepmann 52/53, 55, 56, 57, 58, 59
Tacina/S. Lenk 83
J. Tack/Das Fotoarchiv 70, 90/91, 99, 128/129, 133, 134, 135, 137, 139, 140, 141, 175, 199, 202
M. Taylor/Das Fotoarchiv 46
M. Thomas 11, 14/15, 18/19, 24, 32/33, 35, 40/41, 42, 43, 44, 45, 203, 204, 205

Titelbild: Blick auf die Skyline von Seattle (Washington)

Impressum

© MIRA Verlag
D-74653 Künzelsau
Alle Rechte, auch die der fotomechanischen Wiedergabe und der Übersetzung, vorbehalten.
Printed in Germany
Projektleitung:
Rudolf Werk
ISBN: 3-89222-276-2